MÉMOIRES
DE
CÉLESTE MOGADOR

Paris. — IMP. DE LA LIBRAIRIE NOUVELLE. — Bourdilliat, 15, rue Breda.

MÉMOIRES

DE

CÉLESTE

MOGADOR

TOME DEUXIÈME

PARIS

LIBRAIRIE NOUVELLE

BOULEVARD DES ITALIENS, 15

La traduction et la reproduction sont réservées.

1858

MÉMOIRES

DE

CÉLESTE MOGADOR

XII

LA REINE POMARÉ.

(Suite.)

On me conduisit à Beaumarchais, où l'on me reçut d'une façon charmante, quand j'eus dit que je m'appelais Mogador.

Je fus engagée ; je répétai le lendemain dans une revue, où je me jouais moi-même et où je dansais à la fin la mazourka. Mon costume était délicieux. Je débutai le même soir que Pomaré ; j'eus beaucoup de succès dans la danse.

J'appris le lendemain que Pomaré avait été sifflée à outrance. Je lus quelques journaux où on l'accablait de mauvais compliments et de railleries. Les journalistes traitent les femmes comme les gouvernements : ils les inventent; après les avoir inventées, ils les prônent; après les avoir prônées, ils veulent les défaire. Si ces réputations, qui sont leur ouvrage, résistent, ils se déchaînent, insultent, méprisent; ils crient à la dépravation.

Mais, messieurs, si cette dépravation, dont on commence à s'effrayer, a fait tant de progrès, c'est un peu votre faute.

Autrefois, il n'y avait qu'un ou deux bals publics; pourquoi y en a-t-il dix aujourd'hui? A cause des célébrités que vous vous êtes amusés à créer à temps perdu, et quand vous ne saviez que faire. Cette gloire de clinquant a trouvé des envieuses; des milliers de jeunes filles sont entraînées dans les bals publics par l'appât de cet éclat menteur! Elles font tout au monde pour qu'on les regarde et pour que vous disiez leurs noms.

Les jeunes gens de famille vont voir ces combats, ces assauts de jambes; comment voulez-vous qu'ils gardent leur raison au milieu de ces jeunes femmes, dont quelques-unes sont charmantes? Ils s'enivrent ensemble de la même folie.

Pomaré avait une voiture; toutes veulent en avoir, beaucoup en ont. Les Champs-Élysées comptent tous les jours dix promeneuses nouvelles, élégantes, hardies.

Ce luxe fait mal à voir, je le confesse, quand on songe que beaucoup de femmes, qui n'ont pas une faute à se reprocher, végètent dans la misère ou dans la gêne avec leurs familles.

Les vaudevillistes et les dramaturges, toujours à l'affût des passions qu'on peut exploiter avec succès, ont mis la prostitution sur la scène.

Tout Paris s'est attendri pendant deux cents représentations sur le désintéressement de cœur et sur l'agonie d'une courtisane; puis, un beau jour, on a été effrayé du chemin qu'on avait fait.

Le monde galant a eu sa réaction, tout comme la société vertueuse. D'autres vaudevillistes et d'autres dramaturges, saisissant la nouvelle veine, nous ont attachées au pilori de l'opinion.

Les journalistes ont fait ces choses sans se rappeler qu'à une autre époque ils avaient battu la grosse caisse à la porte du Ranelagh, à la porte du bal Mabille, à la porte du bal d'Asnières.

Dans les grandes, comme dans les petites choses, dans les choses honnêtes comme dans les choses honteuses, l'esprit humain est toujours le même : il ressemble à la girouette qui est sur ma maison.

Si l'on veut réellement détruire cette puissance des femmes galantes, qui touche à tout, qui commence dans les plus hautes sphères pour finir dans les derniers rangs de la société, le meilleur moyen c'est d'étudier les faits. L'histoire vraie des femmes qui ont vécu de cette vie infernale serait plus éloquente, pour en détourner les jeunes filles, que les idylles attendrissantes ou les contrastes forcés, dont le public parisien s'amuse tour-à-tour à pleurer et à rire.

Tant que j'ai vécu dans ce tourbillon, je n'avais guère le temps de réfléchir, ni à mon malheur, ni à celui des autres. Aujourd'hui, que je me suis retirée de ce monde; aujourd'hui, que j'envisage mon propre désenchantement et que je me rappelle comment ont fini les femmes que j'ai vues les plus brillantes et les plus adulées, il me semble que si, comme dans le petit drame de *Victorine*, on pouvait leur montrer leur avenir dans un rêve, toutes reculeraient.

Pomaré devait être triste; je fus la voir. Elle demeurait alors, 25, rue de la Michodière, à l'entresol. La maison, c'était un hôtel garni, était meublée très-proprement. Lise était très-élégante. J'attendais qu'elle me parlât de ses débuts; elle ne jugea pas convenable de le faire et me demanda les suites des miens.

— Je suis contente, lui dis-je; c'est un commencement.

— Ah bien! moi, dit-elle en riant, mon commencement ressemble joliment à une fin; j'ai eu au Palais-Royal le succès de Lola-Montès. On avait fait forger des clés à trous, et on s'en est donné à souffler dedans; le bruit a couvert l'orchestre. J'ai dansé à contre-mesure; il était temps pour moi de me sauver, car on se disposait à me jeter les bancs à la tête. J'en suis encore malade; je ne sors plus de six mois.

— A part cela, lui dis-je, tu es heureuse?

— Oui, me dit-elle; vois.

Elle ouvrit une armoire et me montra un tas de chiffons, que je ne regardai pas, je l'avoue, sans une certaine envie.

— Je suis tranquille, me dit-elle. Je vis avec un jeune homme de Toulouse, qui m'adore et me comble. Il est employé au bureau des postes pour plaire à ses parents, qui veulent qu'il s'occupe, ce dont il n'a pas besoin, car il est fort riche.

— Tant mieux! cela me fait plaisir. Je t'aime beaucoup; je voudrais te voir ménager un peu plus ta santé et ta bourse.

— Oh! je n'ai pas longtemps à vivre; je veux bien m'amuser pour ne rien regretter.

— Joues-tu ce soir ? me dit-elle en ouvrant la croisée.

— Oui, tous les soirs.

— Eh bien ! j'irai te voir aujourd'hui avec mon *époux*.

Je la quittai. Je la vis le soir, dans une avant-scène du rez-de-chaussée, avec un petit homme blond mat, les cheveux frisés, portant lunettes. Il paraissait rempli d'attentions pour elle.

Elle me fit prier d'aller dîner le lendemain avec eux. Elle me dit, avant qu'il arrivât, qu'elle ne pouvait pas le souffrir, mais qu'il l'aimait tant qu'elle avait pitié de lui; que c'était la bonté même.

En effet, il m'intéressa ; il avait l'air si honnête, si tendre ; il faisait montre de si beaux sentiments, que je fus enchantée de lui, et que je fis promettre à Lise de mieux le traiter.

— Voyez-vous, mademoiselle, me dit-il le soir en me reconduisant, en ce moment, je ne puis pas faire tout ce que je veux pour elle ; mais je vais avoir beaucoup d'argent d'une propriété que je fais vendre : je lui donnerai tout.

A quelques jours de là, j'entendis conter, au foyer du théâtre, que la reine Pomaré était arrêtée comme complice d'un vol très-important dont on recherchait les auteurs.

Je ne pouvais pas croire cela, et, d'ailleurs, je n'ai jamais pu supporter entendre dire du mal de mes amies. Je donnai des démentis à toutes ces vipères qui, ne m'aimant pas, étaient enchantées de me faire de la peine.

Une vieille duègne, qui, du reste, avait été très-belle, disait :

— Parbleu ! des sauteuses comme cela, ça fait tous les métiers.

— Ah ! reprenait une ingénue de trente ans, si j'étais juge, je la condamnerais à la prison pour toute sa vie.

Rien n'est méchant comme les vertueuses par force. Celle-là était si sèche, si laide, que je ne pus m'empêcher de lui dire :

— Il faudrait mettre en prison toutes les femmes un peu jolies ; la disette en viendrait et vous trouveriez peut-être votre placement.

— Taisez-vous, me dit une de mes camarades ; ne vous querellez pas ainsi sans savoir ce qui en est : vous pourriez vous compromettre.

Dès que le spectacle fut fini, je courus rue de la Michodière. La maîtresse de la maison me dit qu'on lui avait recommandé le plus grand secret : mais qu'à moi, elle allait tout me conter... Je devais être au moins la centième confidente.

— Hier, me dit-elle, il s'est présenté un homme,

fort bien mis, qui m'a demandé quelle chambre habitait Mlle Lise et comment elle vivait. Je crus que c'était son père, dont elle a si peur, et je répondis à ce monsieur que j'ignorais sa manière de vivre.

— Oh! elle se cache : preuve qu'elle est coupable. Il fit signe à deux autres messieurs, qui entrèrent également, et ils montèrent tous trois à sa porte, en me faisant signe de les suivre. Je vis bien que c'étaient des agents de la police.

— Frappez vous-même, me dirent-ils. Il faut qu'elle ouvre sans avoir peur; un papier est vite brûlé.

Je fis ce qu'on me disait.

— Lise m'ouvrit en chemise. En voyant tout ce monde, elle voulut repousser la porte, mais elle n'en eut pas le temps; les trois hommes étaient entrés : deux s'étaient placés à côté d'elle, de manière à l'empêcher de faire un mouvement.

La pauvre fille était si pâle que ça me fendit le cœur.

— Habillez-vous, dit un de ces hommes, pendant que les autres visitaient les meubles, prenaient les papiers; habillez-vous donc, vous allez nous suivre.

— Vous suivre ! dit Lise; où donc ?

— Parbleu! pas à Mabille, dit l'homme, mais à la Préfecture.

— A la Préfecture! moi! Mais qu'ai-je donc fait?

— Ah! si vous n'aviez que dansé, vous n'auriez fait de tort qu'à vos jambes.

— Mais, monsieur, je n'ai fait de tort à personne.

— C'est ce que le juge d'instruction verra; en attendant, dépêchons.

— Un juge d'instruction! vous m'arrêtez donc comme une voleuse?

— Ou complice, dit l'homme; c'est la même chose.

— Moi! cria-t-elle en enfonçant ses deux mains dans ses cheveux en désordre; et vous avez pu croire que vous m'emmèneriez vivante?

Elle s'élança dans la seconde pièce, où sans doute elle voulait prendre un couteau; mais on s'empara d'elle avant qu'elle n'eût ouvert un meuble.

— Voyez-vous, mademoiselle Céleste, cette scène me fit un mal affreux. Ses cheveux étaient épars; elle était presque nue, car elle avait cessé de s'habiller. On la tenait le plus doucement possible. Elle se jetait à terre, frappait sa tête; je la crus folle ! Voyant son désespoir, ils commencèrent à la traiter plus doucement.

— Allons, mon enfant, ne vous mettez pas dans cet état ; on ne vous fera peut-être rien. Si vous n'êtes pas coupable, vous sortirez de suite. Allons, allons, pas de bruit ; personne ne le saura. Vous vivez malheureusement avec des gens que vous ne connaissez pas assez, qui peuvent vous tromper sur leurs ressources, sur leurs moyens d'existence.

Et les trois hommes l'enlevèrent de terre pour la placer dans un fauteuil.

Elle avait les yeux fixes et paraissait ne pas entendre. Elle se leva, comme si elle avait pris une résolution, puis elle s'habilla, silencieuse, l'œil sec. On ne perdait pas un de ses mouvements. Elle me demanda si monsieur était venu.

— Non, lui dis-je, je ne l'ai pas vu.

— Tout m'abandonne ! Allons, je suis prête. Ah ! misérable que je suis ! voilà où cette vie devait me conduire ! Je voudrais que toutes celles qui marchent sur mes traces pussent me voir en ce moment.

On avait fait avancer un fiacre. Ces messieurs lui prirent chacun un bras et se placèrent près d'elle dans la voiture. Je la vis jeter sa tête en arrière ; la voiture partit.

La brave femme n'en savait pas davantage. Les informations qu'elle pouvait me donner s'arrêtaient là.

Je n'en revenais pas de ce que j'apprenais ; je n'eus pas, du reste, un instant de doute sur l'innocence de Lise : je la savais incapable d'un acte d'improbité.

Je fis quelques démarches pour avoir de ses nouvelles; mais je dus être prudente, car j'étais moi-même sous une surveillance qui me désespérait, et mon intervention dans une affaire de cette nature aurait pu me coûter bien cher. Lise était au secret, rien ne pouvait lui parvenir.

Je fus vingt fois chez elle.

Je ne pouvais me remettre du coup que son arrestation m'avait porté; c'était la semaine aux mauvaises nouvelles.

Au moment où j'étais le plus triste, j'appris un nouveau malheur, qui m'impressionna d'autant plus vivement qu'il me faisait faire sur ma propre situation un cruel retour.

J'avais eu occasion de voir, chez Adolphe, un jeune homme qui avait une maîtresse charmante. Elle s'appelait Angéline; sa figure était fine, spirituelle au possible. Elle avait été inscrite très-jeune; elle avait compris dans quelle affreuse position elle s'était mise. Aussi, sans être devenue une vertu bien farouche, vivait-elle très-modestement avec son amant, qui ignorait sa position.

Je rencontrai ce jeune homme, un jour que je venais de faire chez Lise une nouvelle démarche qui ne m'avait pas plus servi que mes premières tentatives pour avoir de ses nouvelles.

— Ah! ma chère Céleste, me dit-il en m'arrêtant par le bras, vous me voyez désolé. Nous avons fait une partie de bal masqué, il y a trois jours; nous étions une douzaine : nous avions fait un bon souper avant d'entrer à l'Opéra. Angéline avait un costume charmant. Vous savez comme elle danse bien; on la regardait, on l'excitait à faire plus. Elle s'est un peu trop émancipée; un sergent de ville lui dit qu'il allait la mettre dehors. Je descendais du foyer en ce moment. Mon ami, avec qui elle dansait, répondit : ce fut une querelle, on les emmena au poste. Nous étions gris ; nous avons voulu employer la violence; on garda la pauvre fille. Quand elle eut repris son sang-froid, on lui dit qu'elle allait être conduite à la Préfecture de police. Elle ne se plaignit pas; elle demanda seulement la permission de monter chez elle, disant qu'elle ne pouvait se présenter en débardeur chez un magistrat. On l'accompagna en fiacre. Elle pria les agents d'attendre cinq minutes, afin qu'elle eût le temps d'écrire un mot à sa mère et à moi. Ces messieurs s'impatientaient, ils frappèrent. « Entrez! » dit-elle. En ouvrant la porte, ils la virent disparaître par la fenêtre, puis ils entendirent un corps tomber sur le pavé. Ils trouvèrent deux lettres; on me remit celle-ci. Et il la lut en pleurant :

« Mon pauvre ami, je vais faire un saut bien pénible à mon âge : je n'ai pas vingt ans. Ce n'est pas la vie que je regrette, c'est toi; ce n'est pas de la mort que j'ai peur, c'est de me défigurer sans me tuer : tu ne m'aimerais plus. Fais-moi enterrer; si ma tête n'est pas mutilée, embrasse-moi. Je suis fille inscrite; depuis deux ans que je suis avec toi, je te l'ai caché : j'avais si peur de te déplaire! Je me suis soustraite au règlement; j'ai été prise hier; j'aurai payé tout à la fois. J'aime mieux rendre mon corps à la terre que d'aller quelques mois à Saint-Lazare. Tu me plaindras; tu m'aurais méprisée. Ne me regrette pas plus que je ne vaux, mais ne m'oublie pas trop vite. Adieu! »

— Et elle s'est tuée! dis-je, émue jusqu'au cœur.

— Non; elle s'est cassé les deux jambes; elle sera estropiée toute sa vie. Mais j'en aurai soin; je ne la quitterai jamais.

J'avais envie de l'embrasser; je lui donnai une bonne poignée de main en lui disant :

— Vous êtes un brave garçon, embrassez-la pour moi.

Il me quitta. Je regardais autour de moi tout effrayée, car j'étais dans la même position qu'elle.

Je trouvais Angéline heureuse, plus heureuse que moi. Après un pareil malheur, il était impossible qu'elle n'obtînt pas d'être rayée, tandis que moi, je n'avais pas l'espérance d'atteindre de bien longtemps ce but de tous mes désirs, car ma maudite célébrité devait redoubler les obstacles.

Je n'avais pu me résigner à retourner à la Préfecture, avec ces femmes qui sont tenues de s'y présenter toutes les quinzaines, sous peine d'être punies.

J'étais en contravention : on aurait eu le droit de m'arrêter partout où l'on m'aurait trouvée. J'étais dans cette position de ne marcher qu'en tremblant. Je ne passais jamais sur les boulevards ; le quartier Montmartre étant rempli de femmes, la surveillance y était plus active qu'ailleurs.

Chaque fois qu'un homme me regardait, je croyais voir un inspecteur ; je courais de toutes mes forces, mon cœur battait. Cette vie, toujours dominée par le sentiment de la peur, était atroce ; je n'osais sortir à pied la nuit.

Un soir, on me vola ma montre. J'y tenais beaucoup ; du jour où je l'avais eue, je me croyais en possession des richesses du Pérou : eh bien ! dans la crainte d'être obligée de dire mon nom, je n'osai faire ma déclaration.

En entrant à Beaumarchais, je m'étais crue sauvée. Je m'imaginais que j'allais avoir un état, gagner de l'argent : c'était encore une illusion.

On m'avait reçue à bras ouverts ; on me faisait jouer et danser tous les soirs, mais... on ne me donnait pas d'appointements.

Je demandai si cela irait ainsi longtemps ? On me répondit que non, que le théâtre allait fermer.

Ce fut pour moi comme un véritable coup de foudre. La misère, à laquelle je me flattais d'avoir échappé, allait revenir, plus menaçante, frapper à ma porte.

Un hasard me tira de ce mauvais pas.

Un jour où je me sentais encore plus triste qu'à l'ordinaire, le désœuvrement conduisit mes pas chez une marchande à la toilette de ma connaissance, qui demeurait faubourg du Temple, n° 16.

Le malheur rend communicatif ; je lui racontai mes peines.

Il y avait chez elle un homme âgé, les cheveux

gris, l'œil enfoncé, le nez courbé, des lunettes d'argent, des diamants plein les doigts, grand, maigre, mais bien droit et l'air vigoureux. C'était le propriétaire de la maison.

Ce monsieur paraissait m'écouter avec intérêt, et me regardait surtout avec une attention dont je me demandais la cause, sans la deviner.

— Je crois, mademoiselle, me dit-il, après m'avoir bien considérée, que je suis à même de vous offrir un emploi plus avantageux que celui que vous allez perdre à Beaumarchais ; je cherche des écuyères pour l'Hippodrome. Il nous faut des femmes jeunes et élégantes.

— Oh ! me dit Mme Alphonse, voilà votre affaire. Vous avez de l'adresse et du courage, vous apprendrez bien vite à monter à cheval. On va ouvrir un hippodrome magnifique, barrière de l'Étoile ; vous serez bien payée.

Je demandai combien je gagnerais.

— Cela dépendra de vos dispositions et de ce que vous saurez faire. Dès à présent, je puis vous donner cent francs par mois, et je vous montrerai moi-même.

— Ma foi ! dis-je, c'est bien tentant ; et vous me ferez un engagement ?

— Tout de suite, si vous voulez.

— Je préférerais le théâtre ; mais gagner cent

francs par mois ! cela vaut la peine d'y songer... D'ailleurs, je vous préviens que je mettrai tant d'ardeur que vous serez forcé de m'augmenter l'année prochaine. Eh bien ! j'ai réfléchi : c'est fait. A quand ma première leçon ?

— La semaine prochaine, si vous voulez. Dès demain, je vous présenterai à mon fils.

Il sortit, en ayant soin de prendre mon adresse.

Quand il fut parti, Mme Alphonse me dit :

— Vous avez joliment bien fait de saisir la balle au bond ; vous y gagnerez toujours une chose, c'est d'apprendre à monter à cheval avec le premier maître d'équitation de Paris. C'est un homme bien remarquable que M. Laurent Franconi ; personne ne le remplacera : il vous fera faire en un mois ce qu'un autre ne vous ferait pas faire en un an.

Tout fut arrangé et signé le lendemain. Ma pièce finissait à Beaumarchais ; je quittai le théâtre.

On dit qu'un malheur n'arrive jamais seul ; je crois qu'il en est de même des bonheurs de la vie.

Je me sentais toute joyeuse ; je courus chez Lise avec un heureux pressentiment. Il ne me trompait pas ; elle était revenue : on l'avait mise en liberté la veille au soir. Elle était si honteuse qu'elle ne voulait voir personne. Je pensai que cette consigne n'était pas pour moi ; je montai au deuxième : elle était dans une toute petite chambre sur la cour.

La clef était sur la porte, j'entrai sans frapper. Je la trouvai étendue sur une petite couchette en bois peint, ses bras le long de son corps, la figure tirée, les yeux bordés d'un cercle noir. Elle râlait plutôt qu'elle ne respirait. Je lui pris la main ; cette main était froide.

— Lise ! lui dis-je doucement.

Elle ouvrit les yeux et me regarda sans me voir, car elle me demanda :

— Qui est là ?

— C'est moi ; pardon de t'avoir réveillée ; mais ton sommeil paraissait pénible.

— Ah ! ma chère Céleste, je sais que tu es venue bien des fois ; j'aurais dû aller chez toi, je n'en ai pas eu le courage : je suis brisée. Tu n'as pas pensé que j'avais volé, n'est-ce pas ? me dit-elle avec des yeux égarés et en me secouant le bras.

— Non, puisque je suis là. Mais conte-moi ce qui s'est passé, car c'est un rêve.

— Oh ! me dit-elle, un mauvais rêve. Tu sais comme je fus emmenée. On visita mes papiers, et on ne trouva rien qui pût faire croire que je fusse complice de ces hommes. Depuis quelque temps, on se plaignait que des envois d'argent faits par la poste n'arrivaient pas; on faisait des réclamations, des recherches : impossible de découvrir les coupables. Il y a un mois environ, un jeune homme se présenta pour toucher un mandat dans un bureau de poste. Il y avait là un monsieur qui, attendant de l'argent, venait faire une réclamation. Ce monsieur entendit prononcer son nom, et fut tout surpris de voir le jeune homme signer pour lui et tenir dans sa main la lettre d'avis que lui s'étonnait de n'avoir pas reçue. On fit arrêter ce jeune homme, on le fouilla ; il avait plusieurs lettres chargées décachetées, portant différentes adresses. D'abord, il ne voulut pas répondre, dire qui il était, mais il finit par tout avouer : c'était une association. Ils étaient sept ou huit. Ils avaient un employé à la poste; chaque fois qu'une lettre était chargée, cet employé la volait, et alors les associés allaient faire les recouvrements. Sans compter ces vols, qui étaient très-importants, ils faisaient un tort considérable au commerce, car, lorsque les lettres contenaient des valeurs qu'ils ne pouvaient pas toucher, ils les brûlaient.

Tu as deviné quel était l'employé de la poste ; tu comprends quel soupçon ont eu les juges. On a cru que j'étais complice ! Une adresse, une lettre oubliée chez moi, dont je n'aurais pas eu connaissance, et j'étais perdue !

Il m'a défendue, il paraît, tant qu'il a pu. Le magistrat qui m'a interrogée me disait toujours :

— Mais enfin, c'est pour vous qu'il l'a fait.

Je lui répondais :

— Cela est possible, et j'en suis assez malheureuse ; mais je ne me doutais de rien.

On est fort, va, quand on a pour soi l'innocence et la vérité.

On a rapproché des dates, et l'on a vu que longtemps avant de me connaître il faisait déjà les mêmes soustractions. C'est une affaire bien lamentable. Son père est un des personnages les plus importants de Toulouse, et le premier parmi les plus honorables. On a reconnu mon innocence et l'on m'a renvoyée ! mais je n'en suis pas moins perdue.

Que vais-je devenir ? Je n'oserai plus me montrer !

— Il ne faut pas ainsi se décourager ; tu n'es pas coupable. Reste chez toi quelque temps, ne te montre pas ; cela s'oubliera.

Elle hocha la tête d'un air d'incrédulité.

— Et toi, me dit-elle, que fais-tu ?

— J'ai quitté le théâtre, j'entre à l'Hippodrome.

— Ah ! j'aimerais bien monter à cheval.

— Eh bien ! veux-tu entrer à l'Hippodrome

avec moi? Rien n'est plus facile; j'en parlerai à M. Franconi.

Elle sourit tristement.

— Non, non, ne parle pas de moi.

On frappa à la porte. Elle se cacha dans les rideaux et me dit:

— Je ne veux voir personne.

J'ouvris. C'était un grand jeune homme blond; il n'avait pas de barbe. Sans être joli garçon, sa figure était agréable.

— Peut-on voir Lise? me demanda-t-il presque bas.

— Oh! c'est toi, Camille; entre, dit Lise, avant que j'aie eu le temps de répondre. Et elle l'embrassa bruyamment sur les joues. Camille, *c'est personne*, me dit Lise en riant.

— Non, dit le jeune homme, je ne suis rien et je le regrette, car tu ne serais pas là.

— Nous verrons cela plus tard, dit Lise en lui serrant la main.

— J'ai eu bien peur, lui dit-il. Enfin, tu es libre; je pars, mon tuteur m'attend; je reviendrai bientôt. Et je l'entendis sauter l'escalier quatre à quatre, comme un écolier.

— Quel est donc ce jeune homme? demandai-je à Lise.

— C'est presque un enfant, car il a dix-neuf ans d'âge, douze ans de raison ; il en convient lui-même. Depuis quatre mois, il me répète tous les jours : « Vois-tu, Lise, je ne t'aime pas comme tout le monde. Si je voulais, peut-être qu'en te priant bien je pourrais t'avoir ; eh bien ! je ne veux pas, je ne serai que ton ami ; je souffrirais trop de te partager. A ma majorité, j'aurai une grande fortune ; alors tu seras à moi tout entière, je t'emmènerai bien loin, je te rendrai si heureuse que tu ne regretteras pas la vie passée ! »

— Mais, est-il vrai qu'il aura de la fortune ? Prends bien garde maintenant aux aventuriers : cela ne me paraît pas clair.

— Oh ! il n'y a pas de danger ; c'est le fils d'un commerçant immensément riche. Son père, en mourant, l'a confié aux soins d'un tuteur, qui ne lui rendra ses comptes qu'à vingt-un ans.

— Eh bien ! te voilà sûre de l'avenir. Je voudrais bien en dire autant.

— Est-ce que tu crois cela ? me dit-elle en se levant. Il m'aura oubliée depuis longtemps, ou bien je serai morte.

Elle se frappa la poitrine, toussa et me dit :

— Entends-tu ? je sens le sapin.

— Allons ! tu es folle avec tes idées ; tu vivras

plus longtemps que moi, et, dans ma famille, on va à cent ans. Je te quitte ; je viendrai te voir dans le courant de la semaine.

Je partis bien joyeuse.

Lise était libre ! et j'avais douze cents francs d'appointements !

XIII

L'HIPPODROME.

Ce n'était pas tout d'avoir le titre d'écuyère : il fallait apprendre mon métier. L'équitation et les fantaisies équestres ne s'improvisent pas plus qu'autre chose.

Je travaillais avec une ardeur extrême. Je prenais jusqu'à deux et trois leçons par jour, toutes accompagnées d'une heure de trot à la française. Dans le commencement, je fus très-fatiguée; je crachais le sang, mais cela ne m'arrêtait pas.

J'étais obligée de négliger beaucoup mes amis. Brididi fut celui qui en souffrit le plus, car il m'avait prise en grande affection.

Lorsque je l'avais vu se monter un peu trop la

tête pour moi, après nos communs triomphes à Mabille, j'avais pensé que le meilleur moyen de le guérir était de lui faire confidence des sentiments que j'éprouvais pour un autre. Ce moyen n'était peut-être pas bien bon : d'abord, M. Brididi ne se découragea pas aussi complétement que j'aurais pensé qu'il le ferait, et puis, comme je l'avais mis au courant des affaires de mon cœur, il profita assez adroitement de ma rupture avec Adolphe.

Au moment de mon entrée à l'Hippodrome, il me faisait encore une cour très-vive.

On venait de faire une chanson sur Pomaré. On l'attribuait à un homme de beaucoup d'esprit (1). C'était sur l'air de la valse de Rosita :

> O Pomaré, ma jeune et folle reine,
> Garde longtemps la verve qui t'entraîne,
> Sois du cancan toujours la souveraine
> Et que Chicard pâlisse à ton regard !
> Paré de fleurs, ton trône, chez Mabille,
> A pour soutien tous nos joyeux viveurs.
> Mieux vaut cent fois régner là que sur l'île
> Où vont cesser de briller nos couleurs.

et cinquante autres vers que j'ai oubliés.

J'avais mes poëtes. Brididi m'envoya une épître

1 Roumieux.

en vers. Malheureusement, il dansait mieux qu'il ne chantait. En me rappelant ces vers, je m'aperçois qu'ils sont trop en désaccord avec la mesure pour que j'ose les reproduire ici.

Dans ces vers, M. Brididi parlait comme parlent tous les amoureux. Il me reprochait de ne pas l'aimer autant qu'il m'aimait, et finissait par un trait qui, je l'avoue, me parut alors charmant. Il me disait que j'étais pour lui ce qu'était Lise à Béranger.

Mon service à l'Hippodrome m'éloigna du monde où je l'avais rencontré. Je fis comme Lise, je fus infidèle à l'amitié; mais je lui ai toujours gardé un bonsouvenir.

Enfin le grand jour arriva; mon professeur était content de moi. Je devais, le jour d'ouverture, paraître dans trois exercices.

Le premier était une promenade au pas, qu'on appelait la *marche;* le second, une course de vitesse; le troisième, une chasse au cerf.

Ceux qui ont assisté à l'ouverture de l'Hippodrome pourront encore se souvenir que ce fut là la partie comique de la représentation.

J'entrai dans l'arène première d'une colonne de quatre chevaux. J'avais un costume à la juive, comme toutes les écuyères. J'entendais circuler mon nom :

— Où est Mogador ?

— Oh ! voilà Mogador !

Je crus qu'on allait me siffler ou me dire des choses désagréables, car chacun faisait ses réflexions tout haut.

Il y avait bien huit mille personnes. On était les uns sur les autres; c'était un coup d'œil magnifique. Tout ce qu'il y avait d'élégant à Paris était là. Ces costumes neufs, cette salle fraîche étaient d'un merveilleux effet.

Le soleil qui, ce jour-là, étincelait sur le clinquant, réchauffa les cœurs, d'abord un peu froids d'émotion, et disposa bien le public qui, à cette première sortie, applaudit à outrance.

Deux ou trois exercices entrèrent avant ma seconde apparition. J'étais à cheval une demi-heure d'avance. Nous n'étions que cinq cette fois pour entrer. Je tremblais à ne pouvoir tenir mon cheval :

— Mon Dieu! me disais-je, je ne puis plus me soutenir, je vais tomber !

Et je me ployais en avant, quand je sentis quelque chose me cingler le dos, et j'entendis M. Laurent me dire :

— Est-ce que vous allez vous tenir comme cela? Redressez-vous donc, s'il vous plaît.

Je me jetai en arrière.

— Bon ! vous voilà comme un manche à balai, me dit-il ; enfoncez-vous dans votre selle ; le corps droit sans raideur les coudes au corps, la tête en face ; serrez les doigts sans dureté... bien ! et n'ayez pas peur, vous avez un bon cheval.

Il lui frappa sur le cou ; puis, passant près d'un monsieur, il lui dit :

— Ah ! c'est que celle-là, c'est mon élève ; elle va bien, mais il n'y a que deux mois qu'elle apprend.

Ce compliment me fit plaisir, mais ne put empêcher mon cœur de battre à m'étouffer.

Le rideau s'ouvrit ! Dans la crainte que l'on ne pût dire que j'avais l'air effronté, je baissai les yeux à en loucher.

Arrivées au but, on nous rangea en ligne et on nous cria :

— Partez !

Mon cheval m'emporta comme le vent, la respiration me manqua ; je me couchai sur son cou, comme font les jockeys ; je lui fis un appel de la voix, il se lança plus fort... J'allais passer mes compagnes, peut-être gagner la course ! cette idée me transporta. Je jetai mon cheval sur la corde dans un tournant... je coupai celle qui me serrait de plus près, je la passai ! Je fus si contente que, dans la crainte de voir une autre gagner sur moi, je fermai les yeux, je rendis tout à mon cheval et je lui appliquai l'éperon dans le flanc gauche. J'entendais dire :

— Elle a gagné !

Puis applaudir ! Je serrai les genoux davantage. Je fis un tour de plus ; on m'arrêta pour me donner le bouquet : j'avais gagné !

La France était à moi... Je marchais en avant des autres ; on m'applaudissait. Mon cheval, qui avait été attaqué durement, faisait mille gambades que je suivais avec assez de souplesse pour qu'aux bravos se joignissent des compliments sur ma tenue à cheval. J'étais radieuse en rentrant. Mon professeur partageait ma joie.

Une fois descendue, mes compagnes me cherchèrent querelle. Elles prétendaient que j'avais manqué de les renverser, que l'on ne devait pas couper.... Je crois qu'elles avaient raison, mais je les envoyai promener.

Je regardai mon cheval ; il avait une tache de sang au côté. Je lui en demandai tous les pardons du monde... je lui montrai mon bouquet et lui donnai des raisons que je lui fis comprendre avec force morceaux de sucre.

J'allai m'habiller pour la chasse ; j'avais un joli costume, et j'étais, j'en conviens, assez contente de moi.

Je montais un cheval d'école qu'on appelait *Aboukir*, je le faisais caracoler le plus que je pouvais.

On lâcha le cerf. Je prenais mon rôle au sérieux et je riais avec les seigneurs qui étaient rangés au milieu, en attendant que les piqueurs et valets de chiens eussent lancé et découplé les chiens.

Cette chasse eut un genre de succès auquel n'avaient certainement pas songé les organisateurs de la fête. Quand les chiens, qu'on tenait enfermés depuis plusieurs jours, se virent en liberté, au lieu de s'élancer sur les traces du cerf, ils se mirent à courir de droite et de gauche, en commettant des actes d'inconvenance dont le bas de nos robes et les jambes de nos chevaux portèrent les traces. Le public parisien, qui voit tout et s'amuse de tout, s'aperçut tout de suite du contre-temps qui faisait le désespoir des piqueurs.

On riait à se tordre. Enfin, on mit le cerf à la piste, et les chiens sur la voie.

Le cerf, fatigué, revint sur ses pas à travers les chiens. Ce fut lui qui les courut! On applaudit plus fort que jamais.

Je sortis après la représentation, plus triomphante qu'un général vainqueur dans une grande bataille. Je tenais mon bouquet dans mes bras pour que tout le monde le vît bien.

Rentrée chez moi, je priai mon portier de mettre l'écriteau : je ne pouvais demeurer si loin. Le lendemain, je trouvai un petit appartement, faubourg Saint-Honoré, n° 1, au cinquième ; il y avait une chambre à deux fenêtres sur le devant, une chambre sur le derrière et une cuisine. Je fus assez heureuse pour sous-louer de suite le logement que je quittais et je pus déménager. J'abandonnai ce quartier avec plaisir ; il me semblait que je respirerais plus tranquillement dans celui où j'allais. Je m'arrangeai un petit jardin sur la gouttière, qui avançait d'un pied.

Le genre de vie que j'avais adopté me mettait forcément en contact avec un grand nombre de femmes. Moins par goût que par nécessité, mon existence ressemblait à un kaléidoscope. Les courtisanes sont comme le Juif-Errant, il ne leur est pas permis de s'arrêter. J'avais cessé de voir Denise et Marie. Elles n'avaient pas une existence plus morale que la mienne, mais elles étaient lancées dans d'autres tourbillons. J'avais chaque jour, non pas de nouvelles amies, mais des relations nouvelles.

Je composerais plusieurs volumes avec les portraits et les caractères des femmes qui passèrent à côté de moi dans la vie ; mais je me restreins autant que je le puis, ne m'attachant qu'aux souvenirs qui me paraissent présenter quelque originalité, ou qui sont nécessaires à la suite de mon récit.

J'avais connu, au moment le plus malheureux de ma vie, une grande fille qui n'était ni blonde ni brune, ni belle ni laide, ni bonne ni méchante ; je lui donnai un conseil que j'ai toujours pratiqué.

Je ne cherche pas, on peut m'en croire, à me tromper moi-même. Je sais que le vice élégant est toujours le vice ; mais j'ai toujours pensé que, même en faisant le mal, il y avait avantage à rechercher la société des hommes bien élevés. Le mieux serait d'être sage ; mais quand on ne l'est pas, il est préférable d'être la maîtresse d'un grand seigneur que d'un parvenu, d'un homme de bon goût que d'un malotru, d'un homme d'esprit que d'un sot. J'ai gagné à cette délicatesse, de pouvoir, malgré ma déchéance morale, goûter les plaisirs de l'esprit, les jouissances des arts, et de rencontrer parmi les sommités de chaque société des chances heureuses et des amitiés durables, survivant à de trop faciles amours.

La femme à qui j'avais donné ce conseil sut le mettre à profit. Elle rencontra dans le monde un boyard qui, lui trouvant le cou et les bras trop longs, les lui couvrit de diamants, pour cacher cette difformité.

Elle me rencontra, et, sous prétexte que nous étions voisines, me fit monter chez elle, et passa la journée à me montrer ses richesses avec tant de :
— Tu voudrais bien cela, hein ? — Si tu avais cela ! — que j'avais le cœur tout gros, sans savoir pourquoi.

Elle avait une grande passion pour les artistes, et passait toutes ses soirées dans les petits théâtres, se laissant tour-à-tour enflammer par un comique, un amoureux, un traître ; elle n'était généreuse que pour les arts.

On dit qu'elle laissait tomber un diamant de son bracelet chez beaucoup de ses préférés.

Elle m'engagea à dîner avec elle et à aller au spectacle le soir ; elle me dit qu'elle allait me prêter un châle, dans la crainte que je n'eusse froid. Cette attention me toucha, et je me dis :
— Décidément, c'est une bonne fille !

Je fus bien vite détrompée. Elle ne pouvait aller au théâtre seule ; il lui fallait une compagne. Elle ne pouvait mettre tous ses châles à la fois ; il lui fallait un mannequin. En voici la preuve :

Elle me fit dîner dans un petit restaurant, boulevard du Temple. Il y avait beaucoup d'acteurs ; ils vinrent auprès de nous. On nous servit le potage.

Je me disposais à manger, lorsque, m'arrêtant le bras, elle me dit, de sa voix braillarde :

— Prends garde, tu vas tacher mon châle !

Je devins pourpre. C'était uniquement pour cela qu'elle me l'avait prêté. Je vous laisse à penser si ma reconnaissance s'envola.

Elle n'en persista pas moins à me poursuivre de ses offres d'intimité. Il lui vint même, pour mieux colorer cette intimité aux yeux du monde dans lequel nous vivions, l'idée la plus folle et la plus excentrique : ce fut de me faire passer pour *sa sœur;* elle me pria de dire comme elle, parce que cela serait un prétexte pour être plus libre : son boyard lui permettrait plus facilement de sortir avec moi.

En réalité, elle s'accrochait à moi parce que je m'appelais Mogador.

Un surnom, comme M. Véron le fait remarquer avec beaucoup de finesse d'observation dans les *Mémoires d'un bourgeois de Paris*, un surnom, pour des femmes comme nous, est une fortune.

A quelques jours de là, *ma sœur* me proposa de l'accompagner dans une soirée d'artistes. J'étais dans la même position : je n'avais pas ce qu'il me fallait. Elle mit généreusement toute sa garde-robe à ma disposition. Je refusai, me rappelant de : « Prends garde de tacher mon châle. » Mais il lui fallait un bras à tout prix.

Elle eut, cette fois, pour vaincre ma résistance, recours à un petit stratagème auquel j'eus la bonhomie de me laisser prendre. Elle m'acheta ce dont j'avais besoin, et me dit :

— Tiens, tout cela est à toi.

Je crus naturellement qu'elle me le donnait : une parure de fleurs de cinquante francs, des gants longs, une voiture louée pour la nuit. Voilà des dépenses que je ne me serais jamais permises.

Je la remerciai de sa munificence.

— Bon ! bon ! me disait-elle, tu me remercieras plus tard.

Quelques jours après, elle me remettait une note de cent francs. Je n'ai jamais, je crois, fait pareille figure depuis ; j'avais à peine de quoi vivre et payer mes meubles.

Je la fis attendre ; elle se fâcha et me fit des scènes devant tout le monde.

Je lui donnai cent sous ou dix francs que j'avais dans ma poche.

Un jour, j'étais au théâtre, dans une loge où il y avait six personnes ; elle se fit ouvrir et me dit tout haut :

— Dis donc, toi, quand donc me payeras-tu ?

Je n'avais rien sur moi ce jour-là. Une des personnes me demanda combien je lui devais et acquitta ma dette.

A partir de ce moment, on le comprend, il y eut entre nous une rupture complète.

Elle s'en allait disant partout :

— Je suis fâchée avec *ma sœur*.

Et nous restâmes longtemps brouillées, à son grand regret, car je commençais à faire pas mal de bruit.

J'avais appris de nouveaux exercices à l'Hippodrome. Il y avait surtout une course de haies qui faillit me coûter cher. Je montais une jolie jument alezane d'une vigueur incroyable. Elle tremblait une heure avant d'entrer ; quand on ouvrait la barrière, elle était déjà en nage.

Un jour, elle s'était gonflée pendant qu'on la sellait ; on oublia de la visiter au départ. Une fois lancée, je me sentis tourner ; je voulais m'arrêter, mais j'étais devant une haie ; elle sauta. Je tâchai de m'élancer de côté pour ne pas être traînée sous ses pieds ; je fus tomber sur la piste, en dehors de la haie. J'allais me relever, quand je vis les pieds des chevaux sur ma tête. Tous ceux qui arrivèrent derrière moi me sautèrent avec la haie.

Ces quelques secondes furent pénibles pour moi et pour les spectateurs. J'avais le pied foulé ; ma jument, en se sauvant, m'avait atteinte; mais je n'avais pas de fracture; la douleur n'était rien pour moi. Je demandai mon cheval, et je remontai devant le public, qui m'en sut un gré infini et me le prouva en m'applaudissant de toutes ses forces.

Ce genre de spectacle avait alors l'attrait de la nouveauté.

Il n'était bruit que de notre courage ; on luttait vraiment avec une imprudence effrayante. Les spectateurs criaient souvent :

— Assez! assez!

On ne voulait rien entendre, et c'est incroyable la chance qu'on avait. Il y avait tous les jours des accidents où l'on aurait dû trouver la mort, eh bien, on en était quitte pour quelques contusions. Je pouvais avoir la tête ou les côtes cassées ; je restai huit jours sur ma chaise, et je recommençai plus enragée que jamais.

Ces périls, du reste, n'étaient pas les seuls auxquels je fusse exposée à ce moment de ma vie.

Il y avait un danger bien autrement à redouter pour moi dans le nombre toujours croissant de mes adorateurs.

A Paris, dès qu'une femme est en évidence, si elle n'est pas protégée par une réputation de vertu intraitable, tout le monde se met sur les rangs. Il y a des jeunes femmes qui, par bonté ou par bêtise, se croient obligées de répondre à toutes les avances qu'on leur fait. Elles sont perdues en quelques mois. L'abandon et le mépris ne tardent pas à suivre un enivrement passager. Je n'étais ni assez bonne, ni assez bête pour me prodiguer à ce point ; j'avais, heureusement pour moi, compris de suite que la galanterie est comme la guerre, où, pour remporter la victoire, il est bon d'employer la tactique. J'avais, d'ailleurs, deux défauts de caractère qui m'ont beaucoup servi pour me défendre. J'ai toujours été capricieuse et hautaine. Personne, parmi les femmes disposées à dire souvent *oui*, n'éprouve plus de plaisir que moi à dire *non*. Aussi, les hommes qui ont le plus obtenu de moi sont ceux qui m'ont le moins demandé.

Plus une femme a la réputation d'être facile, plus elle a besoin de se faire désirer. J'avais plus que toute autre besoin de réserve à cause de mon passé.

Ceux qui voulaient obtenir mes bonnes grâces ne m'expliquaient pas toujours eux-mêmes leurs vœux. La plupart, ainsi du reste que c'est d'usage dans ce monde, avaient recours à des moyens détournés, et m'envoyaient des ambassadrices.

Dans une seule semaine, je reçus je ne sais combien de femmes qui venaient m'annoncer mes conquêtes et tâcher de négocier des traités d'alliance. J'avais à cet égard des idées bien arrêtées. Je ne voulais à aucun prix avoir de commerce avec ces femmes pour qui j'avais la plus profonde aversion. Aussi redescendaient-elles furieuses mes cinq étages. Quand elles rendaient compte de leur mission, on ne pouvait les croire, tant, je l'avoue en rougissant, la conquête de Mogador semblait facile.

Je n'eus qu'à me féliciter du parti que j'avais pris. L'opinion changea à mon égard. On ne cessa pas de me faire la cour, mais on y mit plus de délicatesse, et l'on me laissa le temps de respirer et de choisir.

Ici encore, je retrouve un souvenir de *ma sœur*.

Depuis que je refusais de la voir, il lui était passé une autre idée par la tête : c'était de me donner un amant de sa main. Un jeune baron plus ou moins allemand, qui avait une charge à la cour de... était au nombre de ceux dont j'avais si mal reçu les plénipotentiaires. Il raconta sa défaite à *ma sœur*.

— Présentez-vous de ma part, lui dit-elle avec son aplomb ordinaire; vous êtes sûr d'un excellent accueil.

Il la crut et vint chez moi, convaincu qu'il se présentait sous les meilleurs auspices.

C'était un homme de trente à trente-cinq ans, blond, assez grand, assez joli garçon, l'air doux et distingué.

Il tombait mal : j'avais encore les fleurs sur le cœur ; mais il s'en tira en homme d'esprit. Devinant mes véritables sentiments pour ma chère sœur, il m'avoua qu'il ne pouvait pas la souffrir, et il m'en dit tant de mal, que je finis par l'écouter.

— A votre tour maintenant, me dit-il.

J'avais bien aussi quelques méchancetés qui ne demandaient qu'à s'évaporer en paroles. Notre entretien se prolongea. La médisance aidant, le baron emporta la permission de revenir.

Il en profita plusieurs fois. Il avait beaucoup d'esprit : l'esprit est la plus irrésistible des séductions. Il est donc possible qu'une fois encore j'aurais cédé malgré moi à l'influence indirecte de ma sœur. Mais le baron fut brusquement rappelé en Hollande par un ordre.

Je repris mon service à l'Hippodrome.

Les jeunes gens à la mode ou ceux qui aspiraient à le devenir avaient leurs entrées du côté des écuries ; c'est là que chacune de nous avait ses prôneurs, ses partisans, ses enthousiastes. Il y en avait un qui s'occupait de moi avec une persévérance acharnée. C'était un jeune homme brun, mince, très-recherché dans sa toilette. Il me regardait constamment avec de grands beaux yeux noirs qui, sans avoir d'esprit, exprimaient assez bien ce qu'ils voulaient faire comprendre. Il n'avait jamais osé me parler.

Je demandai à une de mes amies :

— Qui est donc ce jeune homme qui me suit partout et qui se trouve mal quand je fais un faux pas?

— Ma chère, me répondit Hermance, une jolie petite Anglaise qui avait une perruque, c'est le fils d'un pharmacien.

— Ah! lui dis-je, c'est dommage; il est gentil.

— Si tu ne l'aides pas un peu, me dit une autre, il n'osera jamais te parler. Il est très-riche ; son père est un grand fabricant de locomotives.

— Bon! tout-à-l'heure c'était un pharmacien... Il faudrait vous entendre.

Je montai à cheval et j'entrai dans l'arène.

Il me sembla que ma selle n'était pas solide ; je m'arrêtai devant la grande loge. Pendant qu'on sanglait mon cheval, j'entendis un bruit confus de compliments toujours agréables pour l'oreille d'une femme. J'oubliai ma chute de la dernière fois et me promis de gagner cette course si je pouvais. Je poussai ma jument, j'arrivai la première d'une demi-tête de cheval. Quand je revins aux écuries, je vis mon amoureux tout pâle ; ses yeux étaient si brillants, que je les crus pleins de larmes ; il vint à moi et me dit :

— Oh ! que vous m'avez fait peur ! Je me suis figuré vous voir tomber dix fois.

J'eus la malheureuse idée de lui répondre qu'il était beaucoup trop bon.

A partir de ce moment, il me fut impossible de m'en défaire ; la glace était rompue. Il me suivit jusqu'à la porte de ma loge ; je la lui fermai au nez.

Il vint me voir le lendemain, sans que je le lui eusse permis ; il finit par ne plus bouger de chez moi. Il était bête à manger du foin, mais si bon garçon, si obligeant, surtout si amoureux, que j'étais souvent tentée d'être indulgente, malgré ma répugnance pour les gens stupides.

Il se nommait Léon. On comprend, sans que je m'en explique, la délicatesse qui m'empêche d'ajouter les noms de famille aux prénoms. Il y a des secrets que tout le monde ne doit pas savoir. Permis aux curieux de chercher, aux habiles de deviner.

J'étais devenue bonne écuyère.

Je fis une demande au préfet pour obtenir ma liberté. On me fit venir, me disant qu'il n'y avait pas assez longtemps ; que si l'Hippodrome fermait, je n'avais aucun moyen d'existence. Je rentrai chez moi tout en larmes et toute découragée. Il vint encore des femmes m'apporter des propositions plus brillantes que celles que j'avais reçues d'abord. Je crus ces femmes envoyées de la police, et les reçus plus mal que les premières.

J'étais allée un soir au Ranelagh avec une de mes camarades de l'Hippodrome qui se nommait Angèle; nous causions assises dans un coin de la salle. Une marchande de fleurs vint m'apporter des roses magnifiques.

— De la part de ces messieurs, dit-elle, en me montrant deux hommes assis à quelques pas de nous, tous deux petits; l'un blond, insignifiant de figure : il aurait eu l'air commun s'il n'avait eu un petit pied long comme ma main. L'autre était joli garçon, plus jeune et effronté comme un page.

J'avais envie, pour les faire enrager, de refuser les fleurs.

— Es-tu folle! me dit Angèle; gardons-les. Tu ne vois donc pas comme elles sont belles!

Je ne répondis rien. Je laissai les fleurs sur une chaise devant moi, sans regarder ceux qui me les avaient envoyées.

Ils s'approchèrent de nous. Le plus jeune des deux prit la parole, et s'adressant à moi :

— Ah! vous aimez les fleurs! je suis fâché de

vous en offrir d'aussi laides ; si vous le permettez, je vous en enverrai d'autres.

Je répondis par un petit signe de tête et par une petite moue qui voulait dire : « Je vous remercie des premières, mais je ne recevrai pas les secondes. »

— Je vois, mademoiselle, que vous n'aimez pas causer ; c'est quelquefois une preuve d'esprit.

Et il se rapprocha de moi, si près qu'il mit sa chaise sur ma robe ; je le lui fis remarquer en le priant de s'éloigner.

— Non, me répondit-il, je l'ai déjà abîmée, je vous en enverrai une autre.

Son ami, qui était resté debout, lui dit quelques mots en langue étrangère ; il lui répondit dans la même langue, et se retournant vers moi :

— Le duc a raison, je n'ai pas le droit de vous faire la cour. Le duc et moi, nous vous avons vue monter à cheval ; nous sommes devenus amoureux tous les deux ; nous avons joué à pile ou face. D'après nos conventions, le gagnant seul devait avoir le droit de se mettre sur les rangs pour obtenir vos bonnes grâces. J'ai perdu ; le duc vous a envoyé une de ses amies que vous avez mise à la porte. Croyant qu'il avait renoncé à toute espérance, j'ai fait comme lui ; je n'ai pas été mieux reçu.

— Et cela vous a étonné?

— Oui, nous avions parié cinquante louis.

Il me dit cela d'un air si impertinent que je le pris en grippe, et que je songeai tout de suite à me venger.

— Assurément, monsieur, lui dis-je, il n'y a pas de distraction plus innocente que celle-là. Pour que l'enjeu eût un intérêt pour vous, il aurait fallu vous assurer de mon consentement, et c'est une condition qui aurait toujours manqué à votre pari. Je vous avouerai même que, si j'avais été obligée de faire un choix, je crois que j'aurais été de l'avis du sort.

Je ne réfléchissais pas que, pour lui dire une chose désagréable, je faisais une véritable déclaration à son ami.

Ce dernier s'en aperçut et parut m'en savoir beaucoup de gré. Poli, mais grave et taciturne, il formait en tous points avec l'autre un contraste complet. Peut-être était-il arrêté par la difficulté du langage, car il parlait le français avec un accent méridional prononcé; mais j'avais la tête montée, et pour faire enrager son ami, je fis seule les frais de la conversation.

Le duc me demanda la permission de venir me voir; je la lui accordai en appuyant bien haut sur un : « Vous me ferez grand plaisir, » qui fut à son adresse, car l'autre petit monsieur quitta la place en disant :

« Voilà ce que c'est que d'être duc et d'avoir trois cent mille francs de rente. »

Son dépit le servait mal : cette énumération des avantages de son rival n'était guère propre à m'inspirer de l'aversion pour ma nouvelle conquête. Il en est du monde où je vivais, comme de l'autre, je crois : un beau titre et beaucoup de millions n'empêchent pas de faire la cour à une femme.

Nous restâmes seuls ; le duc devint plus causeur. Ce fut lui qui continua la conversation.

— Quel drôle de caractère a mon ami ! C'est un charmant garçon ; mais il est un peu fat : il faut que tout lui cède. Il a, du reste, beaucoup de succès auprès des femmes. Il croit, quand on me donne la préférence, que c'est pour ma fortune ; cela m'a rendu défiant, et j'ai fini par le croire moi-même.

La provocation était directe, et quoique je n'aie jamais aimé être de l'avis d'un homme quand il s'agissait de le trouver bien, je me résignai d'assez bonne grâce à dire au duc qu'il avait tort de douter ainsi de lui-même.

Il m'offrit son bras pour faire le tour du jardin. J'acceptai avec un double plaisir ; d'abord, parce que cela flattait ma vanité, et ensuite, parce que c'était le moyen de continuer à faire enrager son ami, à qui j'en voulais d'avoir été si brutal. J'ai toujours détesté les gens qui prenaient avec moi des airs d'autorité.

J'éprouve, en me retraçant à moi-même les souvenirs de ma vie, un singulier effet : je suis plus heureuse à la pensée de raconter mes faiblesses, que je ne l'ai jamais été, dans l'entraînement de la jeunesse, à la pensée de les commettre. Il faut que la décence et l'étude aient entre elles de mystérieux rapports pour réveiller ainsi la conscience endormie.

A chaque instant, je suis tentée de tricher avec l'inexorable réalité ; mais je ne cède pas à la tentation, car je comprends que mon récit perdrait tout intérêt, s'il cessait d'être complétement sincère.

Ma liaison avec le duc me mettait dans une position tout-à-fait nouvelle... Elle me donnait mes entrées dans le grand monde... de Bohême.

Je devins trop élégante pour ne pas avoir d'ennemies ; rien ne me manquait, pas même la jalousie de mes camarades, qui me déchiraient à belles dents.

Le duc n'était pas brouillé avec son ami. Je le voyais donc souvent. Il n'avait perdu ni son aplomb, ni ses espérances.

— Vous me reviendrez, me disait-il ; c'est une

question de temps. Le duc ne vous gardera pas toujours.

Je lui répondais :

— Jamais!

Et je lui tins parole.

Il se consola avec Angèle.

XIV

LA ROBE JAUNE DE LISE.

Dès qu'il m'arrivait quelque chose d'heureux ou de malheureux, ma grande ressource était d'aller voir Lise, pour partager avec elle ou mes joies ou mes peines. Elle m'avait annoncé son projet de faire un petit voyage ; mais elle devait être revenue. Sa propriétaire, qui savait notre intimité, me donna sa nouvelle adresse sous le sceau du secret, parce que Lise persistait à ne vouloir voir personne. Elle demeurait aux Champs Élysées, nº 107, au cinquième. Je frappai.

— Entrez ! me dit une voix bien connue.

J'ouvris la porte, et je vis ma Lise étendue sur

son lit, une bougie allumée pour sa cigarette, un livre à la main.

— Tiens ! c'est toi ! Tu es gentille de venir me voir ; mais si l'autre rentre, elle va jeter de beaux cris : elle ne peut pas te souffrir.

— Je regardai la chambre : c'était un petit ménage, assez convenable.

— Chez qui es-tu donc ici ? Et je me levais pour m'en aller.

Elle me retint par ma robe.

— C'est vrai, tu ne sais rien... Attends donc ! elle ne me mangera pas. Figure-toi qu'après mon arrestation, je n'osais pas sortir ; je ne voulais plus rester à l'hôtel. J'étais en train de me lamenter, quand on vint me dire qu'une demoiselle voulait me parler à toute force. Je crus qu'on me trompait, que c'était quelque créancier ; je grondai ma propriétaire, qui redescendit rendre à l'inconnue le savon que je venais de lui donner à elle-même.

Au bout de quelques instants, ma propriétaire remonta, et me dit :

— Cette demoiselle insiste ; elle a dit que quand vous sauriez son nom, vous la recevriez.

Si j'avais été debout, je serais tombée tout de mon long ; c'était ma sœur ! Que me voulait-elle ?

Immédiatement, il me vint à l'esprit que mon père était en bas, qu'il allait m'étrangler.

Je dis à la propriétaire :

— Fermez les portes, je ne suis pas ici. Ah ! mon Dieu ! je suis perdue ! Dites que je ne la connais pas, qu'elle se trompe.

— Mais non, je ne me trompe pas, dit Eulalie, en passant la tête par la porte.

Je courus derrière elle, je fermai la porte, en appuyant mon corps dessus de toutes mes forces.

— Ah ça, qu'as-tu donc ? me dit-elle en riant.

Je la regardai, et à travers ma terreur, je fus frappée de son élégance. J'écoutais, je n'entendais rien.

— Qu'est-ce que tu me veux ? Mon père est derrière toi, n'est-ce pas ? Pourquoi l'as-tu amené, mauvais cœur ?

— Mon Dieu ! que tu es bête ! Il ne sait pas où je suis, moi ! Il ne peut donc pas me suivre ici.

— Comment, mademoiselle ! votre père ne sait pas où vous êtes !... Vous vous êtes donc sauvée !

— Oui ; depuis ton départ tout allait de mal en pis. Maxime m'a emmenée ; comme il n'a pas grand'chose, je suis entrée à l'Hippodrome ; je gagne un peu d'argent, cela l'aide ; je reste aux Champs-Elysées, 107 ; si tu veux venir avec moi, je t'offre la moitié de ma chambre.

Le croirais-tu? cela me fit un mal atroce de voir ma sœur perdue. J'allais lui faire de la morale, elle m'arrêta :

— Ah! me dit-elle, laisse-moi la paix. Ce n'est pas à cause de toi que je suis partie ; je serais partie tout de même : j'adore Maxime.

Je fus abasourdie ; mais je n'avais pas le droit de la gronder, et d'ailleurs c'eût été parfaitement inutile.

Tu ne peux te figurer l'embarras où je me suis trouvée pour moi-même.

J'avais dans l'hôtel une assez grosse dette, et pas d'argent pour m'acquitter. On m'a gardé mes affaires en payement et je suis emménagée ici avec deux chemises, des pantoufles et la robe que j'ai sur moi. J'ai dit que je partais pour la campagne et je ne bouge pas.

Pourtant, il faut que je sorte de cette situation. Je suis à la charge de ma sœur ; elle m'a offert de venir chez elle, comme on l'offre presque toujours, mais comme toujours, elle l'a regretté. D'abord, elle n'est pas riche, et elle le serait que cela ne me ferait pas la position meilleure ; elle est avare. Hier, elle m'a reproché un cahier de papier à cigarettes ; nous nous sommes déjà disputées vingt fois.

Après chaque scène, je prends mes deux chemises pour faire ma malle. Eulalie ne peut s'empêcher de rire, et je reste, en lui promettant d'avoir de l'ordre, ce à quoi je ne peux pas m'habituer ; il faut lui rendre cette justice qu'elle a raison... Regarde cette petite chambre, comme elle est propre : il n'y a presque rien. Eh bien ! c'est gentil comme tout ; elle me suit toute la journée avec une serviette pour essuyer jusqu'à la marque de mes pieds ; aussi, tu vois, je reste couchée... Comme cela je ne dérange rien.

Je ne pus m'empêcher de rire, car le lit, la table de nuit, la chambre entière étaient un vrai pillage ; partout des livres, du papier à cigarettes déchiré, jeté çà et là, du tabac, de la cendre...

— Ah ! mon Dieu, lui dis-je, en me levant, je me sauve... elle n'est pas aimable tous les jours, ton Eulalie. Je l'ai vue souvent à l'Hippodrome, sans savoir que c'était ta sœur, et j'ai déjà eu deux ou trois bourrasques avec elle ; si elle me trouve ici, elle est capable de me faire quelque mauvais compliment.

— Non, reste, reste encore un peu ; ce n'est pas l'heure à laquelle elle rentre. Elle est chez Maxime, et puis, je sais le moyen de la mettre de bonne humeur.

Et elle se mit à ranger autour d'elle, essuyant la table avec son unique robe.

— Maintenant, ouvre la fenêtre pour que la fumée sorte !

— Oh ! lui dis-je, tu as au moins une belle vue pour te distraire.

— Ça ne me distrait pas du tout ; ça me fait mal au cœur de ne pouvoir pas aller faire ma belle ; je m'ennuie à crier.

Je revins m'asseoir près du lit, un peu embarrassée de la proposition que je voulais lui faire, car je connaissais son caractère.

— Voyons, ma chère Lise, puisque tu t'ennuies tant ici, veux-tu en sortir ? Je te prêterai tout ce que je pourrai. Si tu veux venir chez moi, je suis à ta disposition. Je ne suis pas ta sœur, moi, je ne te ferai pas de scène.

— Non, me dit-elle, j'aime encore mieux une amie que de l'argent ; si j'étais ton obligée, ça nous fâcherait peut-être... pas à cause de toi, je sais que tu ne me le reprocherais point, mais à cause de moi qui serais humiliée. Je me connais, vois-tu ; je ne vaux pas grand'chose. Regarde, mes sourcils se joignent sur mon nez comme une paire de petites moustaches ; on dit que c'est signe de jalousie... j'ai bien peur que le proverbe ne soit vrai. C'est plus fort que moi ; je t'aime beaucoup, mais je ne pourrais pas demeurer avec toi ; ton bonheur, si tu étais plus heureuse que moi, finirait peut être par me faire de la peine.

Elle avait les larmes aux yeux en me disant cela ; je lui pris la main, et je lui dis :

— Tu as raison d'être franche ; rien ne pourrait m'être plus pénible que de me fâcher avec toi. Tiens ! on monte... Si c'était Eulalie.

Nous ne restâmes pas longtemps dans l'incertitude. La porte s'ouvrit. Eulalie parut fort étonnée de me trouver là ; Pomaré perdit complétement contenance ; j'en fus d'autant plus surprise que j'ai connu peu de femmes ayant l'air aussi dominateur que Pomaré ! Il fallait que sa sœur eût sur elle un grand ascendant. Je fus obligée de prendre la parole la première.

Eulalie était une fille d'une taille moyenne, boulotte, la figure ordinaire, la physionomie très-froide ; d'une autre, je dirais l'air bête ; mais elle avait infiniment d'esprit.

Quoiqu'elle n'eût guère, je crois, que dix-sept ans, elle en paraissait vingt-cinq ; elle attendait que l'une de nous deux s'expliquât.

— Vous êtes étonnée, ma chère camarade, de me trouver vous faisant une visite, ne m'y ayant jamais engagée ; mais je sortais de l'Hippodrome ; en passant, j'ai vu Lise à la fenêtre, je suis montée.

Elle me regarda sans me saluer, et dit à sa sœur :

— Je t'avais défendu d'ouvrir ma fenêtre.

Le rouge me monta au visage. Ma petite Eulalie, pensai-je, voilà une impertinence que tu ne porteras pas en enfer.

Lise était restée tout interdite de cet air d'autorité.

J'avais heureusement un bon moyen de venger ses injures et les miennes.

Je repris de l'air du monde le plus tranquille :

— Je n'aurais pas vu Lise, que je serais montée tout de même ; j'avais un service à vous demander.

— A moi ?

— Oui, je vous ai entendue plusieurs fois vous plaindre de ce que l'on ne vous faisait pas faire de courses, de ce que l'on vous oubliait parmi les figurantes.

Elle devint pourpre, car je touchais la corde sensible.

— Eh bien ! si vous aviez une occasion de vous montrer dans quelque steeple-chase, je suis sûre qu'on vous les laisserait continuer à la place d'Hermance, qui monte à cheval comme une poule.

— Je le sais bien, me dit-elle ; mais ils ne veulent pas me laisser essayer.

— C'est révoltant ; il est bien facile de dire aux gens : « Vous ne sauriez pas faire cela, » quand on ne veut pas les admettre à essayer. Je vous offre un moyen de vous passer de la bonne volonté de l'administration. Je pars dans quelques jours ; je voudrais qu'une de mes camarades fît mon service pendant quinze jours, et voilà ce que je venais vous demander avant de solliciter mon congé.

Elle était rayonnante ; je crois même qu'elle eut envie de m'embrasser.

— Je veux bien, me dit-elle ; je leur montrerai que je suis bonne à quelque chose. Tâchez seulement qu'ils y consentent.

— Oh ! j'ai un moyen de les y forcer ; je ne les préviendrai pas à l'avance. Un jour je manquerai, vous serez toute prête ; ils n'auront pas le choix : ils verront qu'ils se sont trompés sur votre compte.

— Ah ! mon Dieu ! dit-elle, il faut que je retourne chez Maxime, qui n'y était pas tout-à-l'heure. Restez avec Lise, je ne vais pas être longtemps. Si vous ne restez pas, revenez demain, nous causerons.

Lise me serra les mains ; elle avait compris. Quand Eulalie fut partie, elle me dit :

— Tu sais que j'ai eu toutes les peines du monde à ne pas éclater de rire devant elle ; tu m'as dit, il y a une heure, qu'elle te faisait l'effet, à cheval, d'une cruche pleine d'eau !...

— Ma chère, il n'y avait que ce moyen-là de te voir. On ne peut rien en faire ; si je la proposais, on me rirait au nez ; et puis, il y a une autre difficulté, c'est que je ne pars pas ; mais j'espère que dans dix jours tu ne seras plus là. Adieu, entretiens-la de ses succès ; je reviendrai demain.

Rentrée chez moi, j'écrivis un mot à l'hôtel des Princes, à un jeune homme nommé Manby, avec qui j'avais passé la soirée plusieurs fois chez Lise, et qui l'avait assurée, devant moi, de son amitié sans fin. Il ne se fit pas attendre : à quatre heures il était chez moi.

— Vous êtes aimable d'être venu, mon cher ami, j'ai un service à vous demander.

— Tout ce que vous voudrez, pourvu que vous me laissiez vous embrasser.

— Vous pensez bien que je ne vous ai pas demandé pour cela.

— Je ne l'ai pas pensé, et je le regrette.

— Allons, pas de fadaises ! Lise est malheureuse ; elle ne veut rien de moi, mais de vous elle acceptera tout. Il faut qu'elle sorte de chez sa sœur, qui la traite comme un chien.

— Ma chère, me dit-il, je vous livre ma fortune. Je n'ai que dix louis sur moi, les voilà... Si cela ne suffit pas, pourvu qu'elle me demande par la même voie, je suis toujours prêt.

— Elle ne vous demande rien ; elle ne sait même pas que je vous ai écrit. Adieu, merci pour elle.

Le lendemain, je courus chez Lise toute joyeuse. Je me disais :

— Elle va se louer une chambre, donner cent francs à son hôtel ; la voilà sortie d'embarras.

Je lui racontai ce que j'avais fait ; elle parut contente.

— Allons faire quelques emplettes, me dit-elle, j'ai beaucoup de petites choses à acheter.

J'avais envie de lui dire : « Va doucement ! »

Nous nous arrêtâmes *aux Bayadères*, sur le boulevard ; je l'attendais dans la voiture ; elle revint au bout d'une heure avec un paquet.

— Ah ! regarde la jolie couleur.

Et elle me montra un taffetas couleur maïs, de toute beauté.

— Qu'est-ce que c'est que ça ? lui dis-je étonnée.

— Ça, c'est une robe.

— Oui, et combien te coûte-t-elle?

— Cent soixante francs.

Je la crus folle tout-à-fait. Je résolus de ne plus m'occuper d'elle; je m'enfonçai dans la voiture.

Notre fiacre n'allait pas vite : nous l'avions pris à l'heure; nous cheminâmes donc doucement. J'allais au faubourg Saint-Honoré, elle, aux Champs-Élysées.

— Est-ce que tu vas me quitter fâchée, me dit Lise, parce que je me suis acheté une robe abricot? Ç'a été plus fort que moi. Je sais bien que j'aurais pu mieux employer mon argent; mais je veux aller au Ranelagh jeudi; je vais avoir la robe et le mantelet pareils, un chapeau de paille de riz; on croira que j'ai fait fortune; on viendra causer avec moi. Si je n'avais pas quelque chose d'ébouriffant, on ne me ferait même pas danser.

Je savais qu'elle avait raison d'un côté; mais je ne pouvais lui pardonner cette folie, moi qui, jusqu'alors, achetais dix mètres de calicot à douze sous pour faire des chemises, quand je me trouvais à la tête de vingt francs.

— Allons, faisons la paix, me dit-elle en me quittant, donne-moi la main, et promets-moi de venir me prendre jeudi à huit heures, car je ne pourrais sortir avec ma toilette, ni le jour ni à pied.

— Ah! cela veut dire qu'il faut que j'aille te chercher en voiture. Eh bien! on ira, mais ne t'y habitue pas.

J'entrais dans mon allée, j'allais grimper mes cinq étages, quand mon portier frappa à son carreau. Sa loge était au fond de la cour. Il me fit signe; je courus très-intriguée, car il me montrait un paquet.

— Oh! oh! il y a du nouveau, me fit-il, ça embaume, ça.

Et il me remit un gros bouquet de fleurs des plus rares.

— Il est venu des personnes vous demander; puis on est venu de chez le commissaire.

Je cachai ma figure dans le bouquet comme pour le respirer, mais je ne sentais rien. Je devais être fort pâle; je fus obligée de m'appuyer à son établi de tailleur. Il releva ses lunettes et dit à sa femme :

— Comment a-t-il dit, l'agent ?

Elle quitta son pot au feu.

C'était une bonne grosse femme, qui n'a pas maigri et que je vois souvent à sa porte.

— Il a dit que, si demain vous n'aviez pas enlevé vos fleurs de dessus votre croisée, vous seriez à l'amende.

Je respirai à faire le vide dans sa loge, et je grimpai mes étages comme un oiseau ; je ne voulais rien avoir à faire avec le commissaire. J'ouvris ma fenêtre, je regardai mes pauvres fleurs qui grimpaient si vivaces.

« Chers pois de senteur, capucines et volubilis, je vous ai arrosés, attachés avec tant de soin ; faut-il que je vous détruise ? Petites fleurs du pauvre, comme je vous aime ! » Je mis à côté mon beau bouquet, il me parut affreux ; je le jetai dans la chambre et j'embrassai mon réséda et mes pensées. Je regardais comment je pourrais faire pour les déplacer sans les arracher. Je m'étais fabriqué une caisse moi-même et j'avais semé en pleine terre ; les branches s'étaient enlacées par mes soins dans les cordes et fils de fer ; impossible de les démêler. Un coup de sonnette me fit sauter ; je me jetai sur mon jardin ; j'arrachai tout comme une furie ; j'entendis les tiges crier ; elles semblaient me reprocher la mort de mes fleurs. Mais je redoublais d'efforts pour enlever les ficelles qui me coupaient les doigts.

« Ah ! on vient me demander pourquoi vous n'êtes pas en bas. Vous voyez bien qu'il faut que je vous arrache ! » Et j'enfonçais mes mains dans la terre.

On sonna plus fort ; je fus ouvrir.

C'était Léon. Le duc m'avait défendu de le recevoir; mais moins par affection que par esprit d'indépendance je m'y étais obstinément refusée.

— Que diable faites-vous donc? voilà deux heures que je sonne !

— Pourquoi sonnez-vous ?

— Tiens ! quand on est arrivé à votre porte, on n'a pas envie de redescendre cinq étages.

— Qui vous a prié de les monter? Vous m'avez fait une peur atroce.

— Si je vous dérange, je m'en vais.

Mais sans attendre ma réponse et au lieu d'aller vers la porte, il entra jusqu'à la croisée.

— Oh! me dit-il, en ramassant mon bouquet, je comprends pourquoi vous arrachez votre jardin; il n'est plus digne de vous. Tout ce qui vous entoure va subir le même sort. C'est votre duc qui vous envoie cela ?

Et le bouquet fut roulé de nouveau dans la chambre.

Cela me déplut. Je ramassai mon bouquet; il représentait quelqu'un chez moi ; j'ai toujours défendu les absents.

— Je vous ai dit que je voulais être libre, que je ne m'engageais à personne. Vous dites m'aimer beaucoup: eh bien ! le seul moyen de me le prouver, le seul moyen de garder mon amitié, à défaut d'amour, c'est de ne pas me tyranniser.

— Vous êtes méchante, Céleste. Vous m'appelez tyran, parce que je suis jaloux. C'est pourtant la plus grande preuve que je puisse vous donner de mon amour. Hermance m'a demandé d'aller la voir; elle serait bien contente si je lui disais le quart de ce que je viens de vous dire.

— Eh bien! allez le lui répéter, je ne vous retiens pas.

Mes querelles avec Léon étaient des scènes en trois tableaux. Il commençait par être impertinent, il devenait fat, et finissait par la soumission.

Alors seulement, je m'attendrissais.

C'était le tour de la fatuité.

Il jeta sur sa personne un regard de satisfaction. Il examina son pantalon acheté à Londres, son gilet du meilleur goût, sa redingote de la coupe la plus irréprochable. Il avait l'air de me dire : « Peut-on être à ce point dédaigneuse pour un homme aussi bien mis et ayant l'air aussi comme il faut que moi ? »

J'ai connu des femmes qui se laissent prendre à ces façons-là : je ne suis pas du nombre. Les prétentions et la minauderie chez un homme m'ont toujours révoltée. Je gardai un silence glacial. Le pauvre Léon alors ne savait plus où il en était. Son impertinence et son orgueil tombaient à plat.

Tout en causant, j'avais entièrement enlevé ma caisse, coupé mes cordes, non sans peine et sans regret.

— Pourquoi vous donnez-vous tant de mal à ôter ces fleurs.

— Parce qu'on m'a fait dire de les enlever.

— Qui donc?

— Le commissaire.

Léon me regardait d'un air si triste et si contrit que je me sentis désarmée ; je lui tendis la main.

— Voyons, je vous ai fait de la peine, pardonnez-moi. Vous savez bien que je suis brutale et colère, mais ça passe vite. C'est mon jardin qui en est cause, et j'ai mes raisons pour ne pas être à l'amende.

— Vous n'avez pas d'argent? Que cela ne vous tourmente pas ; je serais très-heureux d'être votre banquier.

Mieux valait comprendre comme cela que pas du tout.

Je lui dis que j'allais au Ranelagh le lendemain. Il m'envoya une voiture.

Je fus chercher Lise à l'heure convenue. Elle

était superbe, et nous fîmes deux ou trois tours avant d'aller au bal. En chemin, elle me raconta que le petit Camille était venu la voir, qu'il était toujours le même.

— Eh bien! tant mieux! J'ai confiance en lui, moi.

— Oui, c'est bien extraordinaire; il ne varie pas. Il me dit toujours : « Pour rien au monde, je ne voudrais t'avoir. » J'ai tâché une fois de le faire mentir; il s'est sauvé comme Joseph. Pauvre écolier! Il se prive de plumes pour m'envoyer un bouquet.

— Tâche de garder cette affection-là! Je crois qu'ils sont rares ceux qui ne vous aiment pas pour l'amour d'eux-mêmes.

— A propos, et toi, qu'est-ce que tu fais de Léon? On dit qu'il t'adore et qu'il est gentil.

— Oui.

— Pourquoi ne sort-il pas avec toi?

— Parce que je ne veux plus. L'autre jour, à onze heures, j'allais à l'Hippodrome, il m'offrit de me conduire; je lui fis remarquer qu'on pouvait le rencontrer, que cela ferait mauvais effet pour sa famille. Il prit un air dégagé et me dit qu'il ne craignait rien. Arrivés à la hauteur de la rue de Chaillot, il me lâcha le bras, et se mit à courir comme un voleur poursuivi. Quelques personnes me regardaient. J'attendis plusieurs minutes. On s'arrêta et on vint me demander ce qu'il y avait. Comme j'étais embarrassée, je me sauvai de mon côté. En rentrant chez moi, je le trouvai à ma porte, les mains dans ses poches; il sifflait.

— Ah ça, allez-vous me dire quelle mouche vous a piqué?

— Ma chère, je voyais venir devant moi ma mère et mon grand-père. J'aurais été joli, s'ils m'avaient vu donnant le bras à Mogador!

— Vous avez raison; mais pourquoi me l'avez-vous offert? Je ne vous l'ai pas demandé, au contraire, et, pour que pareille chose n'arrive plus, nous ne sortirons jamais ensemble.

Ce n'est pas faute qu'il me l'ait demandé depuis; mais je ne veux pas prendre l'habitude de me manquer de parole à moi-même : je ne céderai pas.

Nous fîmes une entrée magnifique. Je n'avais pas une robe jaune; mais j'étais si mince de taille que tout le monde le remarquait tout haut. C'est un reproche que je me suis souvent adressé; car Lise se mit à se serrer : cela lui a fait grand mal.

La soirée fut un éclat de rire. On commençait à s'habituer à nous. Les femmes comme il faut nous regardaient sans trop de courroux. Les jeunes lions faisaient encore leur tête et ne nous invitaient pas; ils ne voulaient pas danser à notre quadrille et refusaient de nous faire vis-à-vis, craignant, disaient-ils, de se donner en spectacle comme M. Brididi. Ils se plaçaient plus loin. Mais ils étaient seuls; la foule nous entourait et riait; ils s'ennuyèrent, cessèrent même de danser sous prétexte que ces cris empêchaient d'entendre la mesure ; ils finirent par se disputer leur tour pour danser avec nous. Mais en voulant faire plus que Brididi, ils ne parvenaient qu'à être ridicules.

On arrangea un grand souper; plusieurs voitures se suivirent, et nous arrivâmes comme une noce au café Anglais, qui trembla toute la nuit de nos rires, de nos cris et de nos chansons.

Pomaré me regardait souvent avec une sorte d'envie.

J'avais une jolie voix, le charme inséparable de la jeunesse; on me faisait des compliments qui lui étaient pénibles. Je connaissais son caractère, et je m'effaçais un peu par amitié, ce que que je n'aurais certes fait pour aucune autre femme.

Il y avait à ce souper un jeune homme qu'on appelait Gustave, dont j'avais remarqué l'air de préoccupation.

— A quoi penses-tu donc? lui disaient ses camarades.

— Je pense à ce pauvre Alphonse, qui s'ennuie pendant que nous nous amusons. Que n'est-il ici ! Voilà ce qu'il faudrait pour le distraire. C'est si triste de voir un si charmant garçon se laisser mourir. L'ennui le tue ; il est perdu.

— Qui est donc cet Alphonse? demandai-je.

— C'est un homme de talent.

— Il est malade?

— Non ; mais il a le spleen.

— Oh ! c'est deux fois dommage ; il faut le distraire.

— Je le voudrais bien, mais il ne veut recevoir personne.

— Il faut le prendre d'assaut.

— C'est une idée... je tâcherai... Vous êtes toutes deux si gaies et si charmantes, que si vous voulez bien entreprendre cette cure, je suis certain que vous réussirez.

Le lendemain, nous reçûmes une invitation de M. Alphonse R..... On lui avait fourré dans la tête de recevoir quelques amis ; il donna un thé, rien que pour nous voir ; on avait tant parlé de notre entrain qu'il s'était laissé gagner.

Nous arrivâmes avec Lise, à neuf heures du soir, rue de la Bruyère. On nous introduisit dans un joli appartement. Je ne sais ce que j'avais ce jour-là ; j'étais horriblement triste. Cela avait gagné Lise. Nous avions eu l'idée de mettre des robes foncées ; nous devions avoir l'air de pleureuses. Et puis, aller chez un homme qui se meurt, cela n'est pas gai ! Nous avions de vraies figures de circonstance.

Le maître de la maison était grand, mince, les joues creuses, décolorées, la figure douce, fine, l'air distingué et d'une amabilité rare ; il vint à nous, nous remerciant d'avoir sacrifié une soirée à son ombre, nous fit asseoir, nous offrit lui-même des fruits, des gâteaux, du thé ; puis, s'asseyant dans un fauteuil, il resta sans mouvements, sans avoir l'air de penser.

Je me penchai à l'oreille de Lise et je lui dis :

— Je suis fâchée d'être venue ; il me fait de la peine...

Son ami Gustave était auprès de lui : une mère n'aurait pas eu des soins plus attentifs. Je voyais sur cette bonne figure passer tous les nuages de l'inquiétude.

— Alphonse, à quoi donc pensez-vous ? Vous oubliez que vous nous avez promis d'être gai ; le moment est venu de faire chanter la reine Pomaré.

L'intention était assurément très-bonne ; mais

il avait parlé très-haut : Lise l'entendit, et trouvant sans doute cette façon de disposer d'elle un peu cavalière, elle fronça les sourcils. M. Gustave vint à elle, l'air riant et sans se douter le moins du monde de ses dispositions.

— Voulez-vous, mademoiselle, être assez aimable pour nous chanter quelque chose?

Non, dit Lise assez sèchement; je suis beaucoup moins drôle que vous ne croyez.

M. Alphonse R.... vint se joindre à son ami, d'une manière si gracieuse, qu'il m'eût semblé de mauvais goût de se faire prier davantage.

— Oh! dis-je à Lise, tu ne peux plus refuser.

— C'est donc pour vous? dit-elle à Alphonse, qui approcha son fauteuil du piano.

Elle chanta avec un entrain, une verve incroyables. Alphonse avait ouvert les yeux et les oreilles; cela paraissait l'amuser beaucoup; Gustave fit mille tendresses de reconnaissance à Lise, qui venait de faire rire son cher ami.

Lise, qui était fantasque comme la lune, avait complétement oublié son mouvement d'humeur, et ils étaient les meilleurs amis du monde.

Cette soirée avait l'avantage de me montrer un monde que je ne connaissais pas encore; il y régnait une gaieté naturelle, qui me parut bien préférable à la joie un peu bruyante dont j'avais jusqu'alors été témoin. L'esprit seul peut donner de l'attrait au plaisir.

On fit de la musique. Un petit jeune homme se mit au piano : dès les premières notes, je reconnus un maître ; je le regardai avec attention. Il était blond ; il avait les cheveux crépus, les yeux bleus, les lèvres un peu fortes, les dents blanches ; il était plutôt bien que mal, quoique sa figure manquât d'expression. Ses mains couraient sur le clavier avec une légèreté, une agilité incroyables. Ce n'était pas de la musique, mais une harmonie qui vous enveloppait le cœur.

Quand il eut fini de jouer, des applaudissements unanimes et bien mérités retentirent dans le salon.

Je profitai du bruit pour demander à M. Gustave quel était ce jeune homme qui avait tant de talent.

— Vous ne connaissez donc personne, ma chère enfant? C'est H... le compositeur, H... le petit prodige ! Je vais vous le présenter.

Sans me demander si cela me plaisait ou non, il alla le prendre par la main et me l'amena.

Je crus remarquer que M. H... avait rougi en s'approchant de moi.

— Je sais bon gré à mon ami, me dit-il avec un petit accent allemand qui n'avait rien de désagréable, de me conduire vers vous. Depuis le premier jour où je vous ai vue, et il y a longtemps déjà, j'avais envie de vous connaître. La soirée s'avançait, et j'avais peur de manquer l'occasion.

Je lui demandai avec une certaine inquiétude d'où il me connaissait.

— Mais je vous ai vue monter à cheval, et vous avez emporté mon cœur, qui court avec vous depuis ce temps-là.

Il me salua et s'éloigna.

M. Gustave, qui était resté près de moi, me dit tout bas :

— Il a beaucoup de talent; mais il en aurait plus encore, si ses parents, qui sont israélites, ne l'avaient pas usé, pour exploiter plus tôt ses dispositions. A huit ans, il était d'une force remarquable : il jouait dans les concerts; on ne parlait que de lui.

— Comment! il est juif? dis-je avec un petit sentiment de répugnance que, tout d'abord, je ne pus réprimer.

Je sais que cela ne se discute pas, et qu'à moi moins qu'à toute autre personne il appartient d'avoir des préventions; mais enfin, dans mon enfance, j'avais les juifs en horreur. Voici à quoi cela tenait : il y en avait beaucoup dans le quartier que nous habitions; ma mère avait toujours eu à s'en plaindre. Quand je demeurais rue du Temple, il y avait au premier une famille juive ; j'allais jouer souvent avec les deux enfants. Leur dimanche, qui est le samedi, les juifs ne doivent pas toucher d'argent ; ils me priaient de faire leur feu, leurs commissions. La fille aînée mourut ; c'était un vendredi. J'entrai le samedi, comme à mon ordinaire ; j'entendis parler, je regardai à travers la porte vitrée, et je vis la jeune fille morte, nue comme un ver. Sa mère lui lavait la figure, la poitrine ; sa petite sœur lui lavait les pieds. Je n'ai pas compris les pratiques de cette religion, mais cela me fit peur : tourmenter les morts me parut affreux. Jamais depuis je n'ai voulu entrer dans cet appartement, et j'en avais gardé un souvenir lugubre.

Le pauvre H... fit des efforts inouïs pour attirer mon attention ; il quitta le piano et vint près de moi. Ne sachant plus que me dire, il invita tout le monde à venir passer la soirée chez lui, rue de Provence. Tout le monde accepta. Il attendait ma réponse. Pour le taquiner, je lui dis que je le remerciais, mais que je ne pouvais pas, que j'étais engagée.

— Eh bien ! remettons à un autre jour, dit-il si haut et si vite, que je regrettai mon méchant refus.

— Non, je décommanderai mon dîner et j'irai chez vous.

Il me prit la main et me dit d'une voix suppliante :

— Ne manquez pas, vous me feriez tant de peine !

Ce serrement de main me donna le frisson. Je jouais de malheur ; il n'y avait qu'un enfant d'Israël dans cette réunion, et c'était justement celui-là qui devenait amoureux de moi.

M. Alphonse voulait nous avoir dès le lendemain. Lise l'amusait beaucoup ; elle paraissait décidément avoir trouvé un philtre contre la mélancolie. Gustave était enchanté. H... vint me reconduire avec d'autres personnes. A ma porte, il me prit la main, la mit sur son cœur.

— Tenez, voyez comme je vous aime ; mon cœur bat à me briser la poitrine, tant il a peur de ne plus vous revoir.

Je retirai ma main en riant et je lui dis :

— Comme vous prenez feu ! Allons, j'irai passer la soirée chez vous, pour voir si cela brûle toujours.

Léon vint me voir le lendemain ; il était tout pâle.

— Qu'avez-vous donc ?

— Mais rien, dit-il, d'un air qui signifiait : J'ai

quelque chose que j'ai bien envie de vous dire, insistez.

— Voyons, vous savez bien que je n'aime pas les secrets. Dites-moi donc ce qui vous est arrivé !...

— J'ai eu une querelle hier à Tortoni ; je me bats demain.

— Vous ! lui dis-je d'un air de doute... Et pourquoi vous battez-vous ?

— Parce que... parce que... hier on parlait de vous... dans des termes qui m'ont révolté. J'ai traité de lâche l'un de ces messieurs, qui avait jeté sur la table un billet de cinq cents francs en disant : « Voilà la clef de son cœur. » Je lui ai répondu qu'il en avait menti, que son billet me servirait de bourre pour lui casser la tête.

— Mon pauvre ami, je ne veux pas que vous vous battiez, surtout pour moi. Est-ce que j'en vaux la peine ?... Il avait le droit de vous dire cela. J'aurais dû vous avouer ce que j'avais été ; je jure de ne plus le laisser ignorer à personne. Si vous aviez été prévenu, vous n'auriez pas répondu. Voyons, Léon, je vous en supplie, tâchez d'arranger cette affaire. S'il vous arrivait malheur, à cause de moi, je ne me consolerais jamais.

Je fus en proie à une véritable douleur. Nous passâmes trois heures à pleurer tous les deux. Il me dit qu'il fallait qu'il me quittât pour arranger ses affaires et voir sa mère. Je ne voulais pas le laisser partir, mais il était si résolu, il me paraissait si calme, que je n'osai plus dire un mot.

— Adieu, me dit-il en m'embrassant la main, si je ne suis pas ici à huit heures, c'est que tout sera fini pour moi. Je n'explique pas toujours bien ma pensée, mais je vous aime plus que je ne sais le dire.

Il tira la porte, et je l'entendis courir comme le vent. Je me jetai sur le lit en fondant en larmes.

— Malheureuse que je suis! Oh! je suis maudite! Je porterai malheur à tous ceux qui m'aimeront. Léon! pauvre enfant! on va le tuer!

Se battre pour moi! est-ce que c'est possible? Je ne l'ai pas assez prié de rester... Je suis une méchante femme! Je le traite souvent si mal! Il est bon! Je suis injuste! ingrate!... Oh! s'il revient, je le rendrai si heureux!... Je lui demanderai pardon. Que va-t-il se passer? Je ne puis rester ici... Chaque minute est un siècle!...

Je pris mon chapeau et je descendis quatre à quatre.

Je marchais devant moi si préoccupée, que je

ne m'inquiétais pas du chemin que je suivais...
J'étais si émue que le souvenir de toutes mes anciennes affections me revenait avec une puissance irrésistible. J'allai chez Marie ; je demandai après elle. Le concierge me dit :

Il y a bien longtemps qu'on a vendu ses meubles ; je ne sais pas où elle est.

J'étais trop triste pour trouver place à une nouvelle inquiétude. Je rentrai chez moi espérant qu'il était revenu, que tout était arrangé. Je redescendis vingt fois ; j'ouvris ma fenêtre ; je passai la nuit à regarder, à écouter : ce fut une torture, un acte de mélodrame qui dura douze heures.

La peur d'être cause de la mort d'un homme m'épouvantait.

Six heures du matin sonnaient. Il me prit un frisson, un tremblement. J'avais passé la nuit ; nous étions en octobre. Je crus que c'était un pressentiment, que tout était fini. Je me promenais à grands pas. Je me remis à la fenêtre ; j'aperçus un cabriolet qui descendait du faubourg Saint-Honoré. Sans avoir vu la figure de celui qui était dedans, je m'élançai dans l'escalier ; j'arrivai à la porte comme le cabriolet s'y arrêtait.

C'était Léon !

Je lui sautai au cou. Il me poussa dans l'allée.

— Folle! il fait froid; vous n'avez qu'un peignoir de mousseline.

Je lui obéis; mais je le tirai à ma suite en lui disant:

— Que je suis heureuse de vous voir! Comme j'ai eu peur!

Ma porte était restée ouverte. Il entra, fut s'asseoir dans un fauteuil.

Il était en habit noir boutonné, pantalon noir, des escarpins et des bas à jour.

Il était élégant de sa personne; il exagérait un peu les modes anglaises : cela ne lui allait pas trop mal.

Ce jour, je trouvai que tout lui allait bien. Il était pâle, il avait froid. Je cherchai à réchauffer ses mains dans les miennes; enfin, je lui demandai comment tout cela s'était passé. Il me répondit:

— Bien pour tout le monde. Nous avons tiré si mal tous les deux qu'il y avait plus de danger pour les témoins que pour nous.

— Ah! vous avez donc tiré?

— Oui.

Il me parut un grand homme... Je lui demandai le nom de son adversaire. Il refusa de me le dire, me suppliant de ne parler de cette rencontre à personne.

Quand je fus remise tout-à-fait de ma frayeur, je pensai de nouveau à tout cela, et je ne pus m'empêcher de sourire, en me rappelant la recommandation qui m'avait été faite de me taire. Il était si bavard, que souvent nous nous querellions à cause des mensonges stupides qu'il inventait pour parler.

Je vis plusieurs de ses amis qui me parurent ignorer complétement ce duel ; cela me surprit beaucoup.

Je tâchai de m'informer adroitement ; une dispute en plein café se sait bien vite : personne n'en avait connaissance.

Soupçonnant qu'il m'avait fait un mensonge, je me promis d'en avoir le cœur net, car je trouvais affreux de plaisanter avec la sensibilité et le point d'honneur.

L'Hippodrome donnait ses dernières représentations : les feuilles sèches, qui tombaient dans l'arène, criaient sous les pieds des chevaux comme un verglas qui se casse. Le zèle avait froid ; les spectateurs avaient le nez rouge : il était temps que cela finît.

Le jour de la dernière représentation, il se mit à pleuvoir si fort, que le terrain argileux garda des mares d'eau à chaque bout ; il y avait peu de monde, mais quand on est en scène, il suffit d'une personne de connaissance pour se monter, faire des efforts.

Ce jour-là, j'avais des amis; j'aperçus Pomaré; je voulais gagner. On nous recommanda d'aller doucement, parce que le terrain était mauvais; mais sitôt partie, je poussai mon cheval; les autres firent comme moi, et nous voilà courant comme des étourneaux.

Au premier tour, nous entendîmes crier qu'un cheval venait de s'abattre. Cela ne nous arrêta pas. J'étais seconde; celle qui était devant s'appelait Coralie.

Il paraît qu'elle avait aussi ses raisons pour gagner, car elle serrait sa corde avec une volonté bien arrêtée de la garder, et m'empêcha de passer. Son cheval fit un faux pas, elle l'enleva; mais elle perdit une demi-seconde que je mis à profit. Nous arrivâmes tête à tête.

On applaudit beaucoup. On fit sortir les autres et il nous fallut recommencer un tour.

Nous repartîmes bien ensemble. Arrivées au tournant, je ne sais laquelle accrocha l'autre, mais nos deux chevaux s'abattirent. Nous roulâmes quelques instants dans cette boue liquide et blanche. Coralie était tombée la tête la première; quand je la vis sur ses jambes, j'oubliai complétement de lui demander si elle s'était blessée. Je me mis à rire, mais à rire si fort que cela se gagna. On voyait bien qu'il n'y avait aucun mal. On n'appelle pas mal des coups et des bosses.

Nous voulions recommencer ; mais on cria :

— Assez !

On nous porta le bouquet et nous rentrâmes couvertes de boue et de gloire.

Je dînai le soir au café Foy avec Léon et ses amis, on parla d'abord de ma culbute, puis on se mit à plaisanter Léon. Il y a toujours une victime dans ces sociétés, et c'est presque toujours celui qui paye.

Il me semblait que ce ridicule qu'on lui jetait déteignait sur moi ; je le défendais souvent, et comme j'avais assez de bagout pour leur tenir tête, quand je commençais ils finissaient, parce qu'ils ramassaient toujours quelque chose de désagréable.

Ce soir-là, les têtes étaient échauffées ; on voulait être drôle aux dépens de quelqu'un ; on avisa Léon. Moi, je n'ai jamais pu discuter ; je m'emporte, et les duretés ne m'arrêtent pas.

— Ah! ça, messieurs, voilà bien des fois que nous dînons et soupons ensemble ; vous dites toujours la même chose. Si Léon ne paye pas d'esprit, je vous ferai remarquer qu'il paye toujours la carte ; s'il fait cette dépense pour apprendre quelque chose, tâchez d'être drôles et d'avoir chaque fois du nouveau, sans cela nous vous changerons.

On se mit à rire ; mais on rit jaune.

Celui qui avait l'air le plus piqué, était un grand jeune homme blond, mince, assez joli garçon, portant au cou, en guise de cravate, des rubans qu'il demandait aux femmes en souvenir d'elles, mais en réalité par économie.

Il est à toutes les premières... On le trouve souvent à la porte des cafés en renom ; il n'a jamais faim, mais il entre sous prétexte de dire bonsoir pour qu'on l'invite, et mange comme quatre.

Il est commis de bureau ; il gagne douze cents francs. Grâce à ce manége, il vit comme s'il avait cent mille livres de rente.

Il méprise les femmes qui n'ont pas de voiture. Il est grossier avec tout le monde. Il ne salue pas avec son chapeau, de peur de l'user ; il fait un petit signe avec la main.

Une jolie actrice, c'est-à-dire une bonne actrice du Palais-Royal, s'était mise à l'aimer. Un soir qu'elle était chez lui, elle n'avait pas de monnaie ; elle lui demanda deux francs pour payer sa voiture. Huit jours après, elle avait mis son argent sur sa cheminée ; il reprit ses quarante sous. Pauvreté n'est pas vice ; mais orgueil et misère ne sont pas dignes d'intérêt, et je ne le ménageais pas.

Impatientée de voir Léon ne rien répondre, je lui dis :

— Mon cher, au lieu de vous emporter pour un mauvais propos tenu sur moi et de vous battre en duel, vous feriez bien mieux d'être homme et de vous épargner toutes ces plaisanteries de mauvais goût.

Tout le monde se regarda. Je le vis devenir pourpre.

— Qui ? lui s'est battu ! dit l'un de ses amis... quand donc ? où donc ? avec qui ?

— Je n'en sais rien ; il n'a pas voulu me le dire.

Léon était d'une pâleur livide ! Je me sentis passer comme un regret d'avoir dit cela. On lui fit des questions. Il balbutia.

Il m'avait menti, mais dans quel but ? Histoire de mentir. Cela me dégoûta.

Il devint la fable de tout le monde et partit pour la campagne. Je repris ma liberté d'action avec une grande joie.

Le duc était en Espagne. J'allais de droite et de gauche avec Lise. Les soirées où nous nous amusions le plus étaient toujours celles d'Alphonse R.... Il renaissait à la santé et aux plaisirs ; on nous traitait dans cette maison en vrais enfants gâtés. Chaque jour la réunion augmentait. Ce cercle de gens d'esprit me plaisait infiniment.

J'écoutais; mon intelligence se développait à ce contact : j'en avais bien besoin, car j'étais tellement ignorante que souvent je m'arrêtais court au milieu d'un mot que je n'osais finir dans la crainte de dire quelque sottise.

Chacun m'aidait un peu, et cela avec tant de bonté que je m'en souviendrai toujours.

Voilà pour les hommes; mais les femmes étaient impossibles et m'irritaient au dernier point.

Une d'elles fit remarquer que Pomaré n'était pas jolie, qu'elle avait les dents de devant gâtées; les siennes l'étaient un peu moins. Je demandai à mon amie Hermance quelle était cette grande planche qui nous éreintait?

— Elle se nomme Lagie.

— Elle est jolie, mais elle m'ennuie, et je vais me donner le plaisir de le lui dire.

Hermance se mit à rire.

— Attendez que je vous donne tous les renseignements : — Elle arrive de Metz; la garnison en masse a bien perdu à son départ. Elle a trouvé que les régiments ne changeaient pas assez souvent, et elle est venue ici. C'est une bonne fille;

seulement, elle est bête et fantasque. Un jour, elle vous mange d'amitiés; le lendemain, elle ne vous regarde pas. Elle ne varie jamais sur le compte des femmes : elle dit du mal de toutes.

— C'est bon à savoir. Rendez-moi un service : allez lui dire, de ma part, que je voudrais bien faire sa connaissance.

— Pourquoi ?

— Pour lui demander si elle veut la paix ou la guerre.

Hermance s'acquitta de la commission que je lui avais donnée. Je vis à l'accueil qui lui était fait que Mlle Lagie me trouvait bien osée. Je dressai mes batteries en conséquence.

Au bout de huit jours, je l'avais tellement raillée, persifflée, ennuyée, qu'elle m'invita à dîner. C'était une gâcheuse qui achetait à tort et à travers et qui menait grand train.

Un fils d'Albion lui jetait une pluie d'or ; elle ne s'inquiétait pas si le soleil se lèverait le lendemain. Rien n'était assez beau pour elle. Ses dîners étaient somptueux ; aussi avait-elle force amis. Elle s'entourait d'un tas de pique-assiettes qui approuvaient chaque bêtise faite ou dite par elle.

Ce jour-là, il y avait beaucoup de monde. On sonna pendant qu'on servait le potage ; elle fit signe à tous les convives de se taire ; elle craignait que ce ne fût son Anglais.

Au lieu d'obéir à son invitation, quelques loustics se mirent à chanter à tue-tête :

> Guerre aux tyrans !
> Jamais, jamais en France,
> Jamais l'Anglais ne règnera.

L'imprudente Lagie chantait avec eux.

Nous entendîmes quelques mots sur le carré qui finissaient par *goddem !* On rit de l'aventure toute la soirée.

Mais le lendemain, on ne savait comment faire pour payer le dîner ; l'Anglais était parti à tout jamais.

Nous tînmes notre promesse à M. H..., et nous allâmes passer la soirée chez lui. On fit une partie de lansquenet. J'ai joué quelquefois, mais je n'ai jamais eu de goût pour le jeu. Les femmes qui jouent me semblent affreuses. C'est une passion qui défigure un homme souvent, une femme toujours.

H... était assis à côté de moi et me conseillait ; il était plus occupé de moi que de mon jeu. Je devais lui en savoir gré, car jusqu'alors, après la musique, les cartes avaient été sa grande passion.

Mes dédains ne le rebutaient pas; il mettait dans son amour une persistance infatigable. J'avais beau lui dire :

— Voyons, H..., vous êtes un bon garçon; je ne veux pas vous faire aller; ne m'aimez pas, ou ne m'aimez plus, parce que je ne vous le rendrai pas. J'ai beaucoup d'amitié pour vous ; mais vous êtes un juif, et je ne pourrai jamais aimer un juif, et puis vous valez mieux que moi. Je vous ferais de la peine à chaque instant. Vous êtes jaloux maintenant, qu'est-ce que cela serait si vous en aviez le droit ?

— Je vous jure, Céleste, me répondit-il avec un sérieux qui ne manquait pas d'esprit, que ce n'est pas de ma faute si je suis de la race de Jacob. Si l'on naissait à l'âge d'homme et si l'on choisissait sa religion, je me serais fait catholique pour vous plaire.

Pendant que je le taquinais ainsi, un nouveau personnage était entré et venait au maître de la maison pour lui donner la main. Je poussai un cri et je baissai la tête, afin de cacher le rouge qui me venait aux joues avec tant de force qu'il me sembla que le sang me sortait des yeux.

H... me serra la main sans comprendre; il me regardait, puis regardait le nouveau venu.

Je levai enfin la tête, espérant m'être trompée;

mais il n'en était rien. L'homme qui était debout devant moi, me regardant avec un œil terne, était bien celui dont j'ai parlé dans le cours de ce récit, mon amphitryon du Rocher de Cancale.

Il allait dire où il m'avait vue ; tous ses amis allaient me mépriser. Je m'appuyai sur l'épaule de H..., comme pour lui dire : « Défendez-moi! » mais, me redressant tout-à-coup, je regardai l'ennemi en face pour tâcher de lire dans sa pensée.

Je ne vis rien à travers ce voile impénétrable, ce nuage qui ressemble à la mort ou au sommeil. Il fit quelques pas, alla s'asseoir plus loin, sans avoir l'air de me reconnaître.

Mon cœur eut un élan de reconnaissance ; pourtant je ne le perdais pas de vue. Chaque fois qu'il parlait à quelqu'un, les oreilles me tintaient ; il me semblait l'entendre.

— Vous le connaissez ? me dit H...

— Non! lui dis-je si vite que, pour un jaloux, cela ressemblait à un oui.

Il se leva au bout de quelques minutes et alla causer avec son ami. Je perdis contenance.

Un jeune homme vint prendre la place de H... ; ce jeune homme me parlait, je ne l'écoutais pas. toute mon attention était concentrée sur le petit groupe où H... causait avec le nouveau venu. Heureusement, il parlait un peu haut ; il n'était pas question de moi. Je commençai à respirer, et je pus répondre à mon voisin, qui me disait :

— Vous n'êtes pas gentille. Ce pauvre H... est amoureux fou de vous; vous le faites aller; vous le rendez malheureux : ce n'est pas agir en bonne fille.

— Ah! comme vous êtes bien tous les mêmes! A votre compte, pour être bonne fille, il faut se donner à tous ceux qui ont envie de vous; mais, mon cher, j'en suis à mon dixième amoureux de la soirée. Que deviendrais-je, si j'étais obligée d'être bonne fille avec tous ?

— Vous avez toujours raison. Il est vrai qu'il est difficile de vous regarder sans être de votre avis, mais je ne suis pas convaincu. Des dix personnes qui vous ont fait ce soir une déclaration, neuf n'y penseront plus demain. Quant à H..., c'est autre chose; il est blessé au cœur. Il est si bon! c'est une nature si tendre!

— Parlez-vous sérieusement?

— Très-sérieusement.

Tel est ce monde : les indifférents mêmes contribuent à favoriser le commencement de ces liaisons. En apparence, rien de plus frivole, mais l'expiation n'est pas loin.

Ce qui n'est pour une des personnes engagées dans ces attachements qu'un lien passager que le caprice a formé, que l'ennui dénouera, est souvent pour l'autre un obstacle où l'existence entière trébuche. L'heure sonne pour tout le monde, tantôt pour l'amant, tantôt pour la maîtresse. On a traversé ce tourbillon le sourire aux lèvres, les fleurs dans les cheveux ; on n'en sort que pour tomber, les uns dans la misère, les autres dans le désespoir. Ceux-ci vont aux cloîtres, celles-là vont à la Morgue.

Mes amours avec H... sont un triste exemple du danger des passions. En croyant satisfaire un caprice, j'ai peut-être changé sa vie.

L'heure était venue de se quitter ; tout le monde prit ses chapeaux, ses paletots ; je restai assise.

On me regardait étonnée ; Lise me dit :

— Tu ne viens pas ?

— Non, je reste.

Je crus qu'H... allait perdre la tête de joie. Pour reconduire ses invités plus vite, il les poussait dehors par les épaules.

Ne vous effarouchez pas ! Je vous ai promis d'écrire la vérité, et je tiendrai parole.

Si je rappelle les souvenirs de cette nuit, c'est que je puis le faire sans blesser la modestie. Mais peut-être est-ce vous qui êtes en faute et votre imagination a-t-elle déjà été trop loin? Tant pis pour vous.

J'étais appuyée sur un grand piano couvert de musique commencée. Je regardai H... quand il rentra : il voulut m'embrasser, je l'arrêtai.

— Tenez, H..., si vous étiez raisonnable, vous viendriez m'accompagner chez moi... Je ne suis pas méchante, mais je vous rendrai malheureux si vous m'aimez.

— Ça m'est égal, je donnerais toute ma vie pour vous avoir à moi, ne fût-ce qu'un jour.

Je crois qu'à ce moment, il pensait ce qu'il disait ; sa main brûlait, ses yeux brillaient.

Je lui montrai le tabouret du piano. Il s'y assit en m'embrassant la main.

Je m'étendis dans un fauteuil à ses côtés; il jouait avec tant d'âme, il improvisa de si jolies choses que mon cœur se fondit.

— Je suis, me disait-il, entre les deux grandes passions de ma vie.

Il devint beau. Sa musique avait une harmonie si douce; elle ressemblait aux chants des églises; ces airs religieux, un peu de fatigue aussi, peut-être, m'engourdissaient les sens...

Petit à petit, lui, semblait m'avoir oubliée. Je me réveillai au jour dans le fauteuil où je m'étais endormie... Il notait sur un papier rayé la musique qu'il avait composée pendant la nuit.

J'étendis mes bras raidis par la fatigue, et je lui demandai pardon de l'avoir empêché de se coucher.

Il me remercia du bonheur que ma présence lui causait.

Je lui fus reconnaissante d'une affection si douce et si respectueuse. Je lui promis de passer la soirée avec lui.

Cette douceur et cette réserve durèrent peu.

Je ne conseillerai à aucune femme d'encourager de sang-froid l'amour d'un artiste. Au bout de quelque temps, je ne savais plus à quel saint me vouer.

L'amour d'H... grandissait tous les jours. Il se tourmentait au point de se rendre malade. Il me suivait partout, passait les nuits à ma porte. On le voyait changer et on m'en faisait un reproche. Il ne voulait plus travailler, quoi que je pusse lui dire.

— Ayez pitié de moi, me répétait-il sans cesse, ayez pitié de moi! Cela ne sera pas long ; je ne tiens plus à la vie. Dites-moi que vous me détestez, et je me tuerai pour vous épargner un ennui. Il n'était raisonnable que devant le monde. Seul avec moi, il me désespérait. Il avait la peau moite ;

il toussait souvent : on le disait attaqué de la poitrine. Cela me faisait peur. « Mon Dieu, me disais-je, s'il allait mourir de chagrin ! » Et je tâchais de le consoler. Mais les grands amours sont exigeants : j'y parvenais mal.

Quand par hasard, il faisait de la musique, cette musique était mélancolique, son piano ressemblait à un orgue d'église.

Il s'arrêtait et me disait :

— Si je n'étais pas juif, vous m'aimeriez, n'est-ce pas ? Si je le savais, je renierais mon Dieu pour l'amour de vous !

— Mon pauvre ami, vous êtes en délire, je ne veux pas le plus petit sacrifice... avec quoi pourrais-je le reconnaître !... Je vous avais bien dit : Ne m'aimez pas, je vous porterai malheur ! Je ne me suis pas trompée : vous devenez fou ; vous ne faites plus rien. On dira que c'est ma faute... pourtant vous savez le contraire.

— Non, on ne vous fera aucun reproche... Je sens bien que ma vie se fane ; je n'ai pas longtemps à vivre !... Laissez-moi être heureux à ma manière.

Il était si triste que je l'évitais le plus que je pouvais.

Un jour, je le vis entrer à l'église de la Madeleine ; il y resta deux heures. Il devenait de plus en plus sombre.

On me conseilla d'en finir. Il valait mieux lui faire une grosse peine qui se guérirait que de le laisser mourir à petit feu.

Lise se chargea de lui annoncer le parti que je prenais par affection pour lui.

Il se mit à pleurer et descendit avec elle ; elle remarqua qu'il la quittait à la porte d'une église où il entra.

A quelques jours de là, je reçus une lettre dans laquelle il me disait que sa vie ne lui appartenait plus ; qu'il mettait sa confiance en Dieu qui le consolait de toutes ses douleurs...

Il y avait tant de grandeur, d'élévation dans cette lettre, que je voulais le voir, lui demander pardon!...

Il refusa de me recevoir... Je crus qu'il avait une maîtresse, et je me moquai de ma crédulité.

Le duc était revenu à Paris. Il ne ressemblait en rien à H... et ne me fatiguait pas de son amour.

Pour lui j'étais à la mode... Il était riche : les nouveautés lui revenaient de droit. Je demeurais si haut, il avait le pied si petit, que pour lui complaire, je fus obligée de déménager. J'allai demeurer au second, 5, rue de l'Arcade, douze cents francs de loyer.

Dans mon nouvel appartement, il y avait un salon, tout meublé en velours, par parenthèse ; dans ce salon, il y avait un piano. Ce piano fut cause que je pris un maître.

C'était un nommé Pederlini, Italien, d'une patience... Je n'ai jamais été assez riche pour le récompenser comme il l'aurait mérité...

Le duc venait me voir tous les deux ou trois jours... Il ne m'adressait pas quatre paroles.

Je ne sais vraiment pas pourquoi il me continua ses visites. Je crois que c'est parce que ses amis pensaient grand bien de moi, venaient me voir souvent, et lui disaient : « Quand elle vous ennuiera ; nous nous disputons à qui vous succédera. » Par esprit de contradiction, il les faisait attendre.

J'allais quelquefois à l'Opéra, où je m'ennuyais toujours. Mon maître de piano me raconta qu'un de ses compatriotes allait débuter ; qu'il avait une voix magnifique ; que seulement il avait beaucoup de mal parce qu'il ne parlait pas français; qu'on lui apprenait par cœur la *Lucie*... C'est moi qui l'accompagne. Je lui parle souvent de vous ; il voudrait bien vous connaître.

— Bah ! et pourquoi cela ?

— Mais parce que les Françaises ont un grand

charme pour lui... et puis, parce qu'il vous a vue à l'Hippodrome !...

— Eh bien, alors, s'il m'a vue, il doit être satisfait !...

— Oh ! il paraît que non, puisqu'il voudrait que je le présentasse, sans doute pour causer avec vous.

Je fis une fausse gamme qui m'écorcha les oreilles.

— Bon, je fais des bêtises, et, vous, vous en dites, Quelle conversation voulez-vous que j'aie avec votre ami ? Vous m'avez dit tout-à-l'heure qu'il ne savait pas un mot de français. Est-ce que vous croyez que je vais chanter la *Lucie* pour me faire comprendre ?

Mon professeur était timide ; il ne m'en parla plus.

— Eh bien, lui dis-je après ma leçon, amenez-moi votre chanteur ; vous lui servirez d'interprète. Venez sur les midi, une heure ; je suis toujours seule.

— Voulez-vous demain ? me dit il en sautant de joie.

— Quel enfant vous faites !... Eh bien ! soit, à demain...

En me réveillant, je me fis à moi-même reproche d'avoir consenti. J'étais payée pour me défier des artistes... mais l'isolement où me laissait le duc me pesait. Je m'ennuyais, et, quand on s'ennuie, on accepte plus facilement l'occasion de faire de nouvelles connaissances.

Le duc avait depuis longtemps une vieille maîtresse, grosse, mal bâtie. Je la voyais étaler ses quarante ans dans une belle calèche doublée de velours bleu.

Elle faisait une grimace pour se donner l'air souriant; le tout recouvert d'un voile à pois noirs, qu'elle avait le soin de ne jamais quitter.

Je me levai donc, sans trop de regret, et je m'habillai de mon mieux pour recevoir mes deux Italiens.

Midi et le timbre de ma porte sonnèrent en même temps; j'allai ouvrir moi-même.

Mon antichambre était obscure ; je vis l'ombre d'un grand corps qui dépassait de la tête mon pianiste.

— Pardonnez-moi de venir si tôt, me dit Pederlini, mais il n'y a point de ma faute. Depuis que j'ai promis à B... de l'amener chez vous, il ne me laisse pas une minute de repos... Si je l'avais écouté, nous serions venus à huit heures.

Je leur désignai deux fauteuils dans le salon, et je m'assis en face...

Mon nouvel admirateur était un beau garçon;

grand, fort; des cheveux de jais; de grands yeux noirs, brillants, qui me fixaient avec tant d'expression, qu'involontairement je baissai la tête sous son regard.

Il parla à Pederlini; celui-ci me transmit sa phrase.

— Il dit vous trouver plus jolie de près...

Je levai les yeux pour remercier; mais je fus obligée de les baisser encore plus vite que la première fois...

Je me mis à jouer avec la bague que j'avais au doigt, en la faisant tourner pour me donner une contenance, et je lui dis:

— Comment, vous ne parlez pas du tout français?

— *Si, un poco*, Céleste.

— Ah! vous savez prononcer mon nom?...

— Je crois bien, reprit Pederlini; il y a assez longtemps qu'il l'apprend. Il sait un peu parler français, mais vous l'intimidez.

J'avais envie de répondre que c'était plutôt lui qui m'intimidait...

Il m'offrit de m'apprendre l'italien; à moins que je ne fusse assez bonne pour lui apprendre le français...

Il me promit de bien travailler pour pouvoir causer avec moi et me dire tout ce qu'il pensait.

Je l'engageai à se dépêcher, car nous devions avoir l'air fort bêtes...

Ils prirent congé de moi. B... me tendit la main et serra la mienne avec tant de force, que je fus quelques instants sans pouvoir parvenir à décoller mes doigts engourdis par la douleur.

Je ne sais si c'est une mode italienne, toujours est-il que je commençai par la trouver brutale; puis je réfléchis qu'il fallait prendre cela pour une marque énergique d'affection.

C'était vraiment une belle nature que ce B... avec son teint mat, ses lèvres rouges, ses dents blanches, son air de franchise et son regard de feu !

Quand je le comparais au duc, si blond, si froid, si tranquille, la comparaison était tout à l'avantage de l'Italie sur l'Espagne; mais le duc flattait ma vanité.

Quand sa belle voiture s'arrêtait à ma porte, j'étais fière de ce qui aurait dû nous faire rougir tous les deux.

Il arriva au moment même où j'étais encore sous l'impression de la visite que je venais de recevoir.

— Qu'avez-vous donc, ma chère ? vous êtes toute préoccupée !

— Oui, lui dis-je, un peu embarrassée, car j'ai toujours eu horreur de mentir.

— Qu'avez-vous?

— Je m'ennuie ici toute la journée, je voudrais sortir un peu.

— Que ne m'avez-vous dit cela plus tôt? me dit-il, toujours avec le même flegme... Demain, je vous enverrai une voiture.

Je sautai de joie; je ne dormis pas de la nuit.

A quatre heures, une jolie voiture à deux chevaux s'arrêta à ma porte. Le cocher vint me dire qu'il était à mes ordres.

Je sortis, et ne voulus rentrer que quand les promenades furent désertes. J'étais si fatiguée que je ne pus dîner. La crainte que l'on ne me vît pas dans le fond de la voiture me fit tenir assise au bord des coussins, la figure au carreau, secouant la tête comme un magot en porcelaine chinoise, tant j'avais peur qu'on ne m'accusât d'être fière.

Le lendemain, même manége; seulement j'avais avancé l'heure de ma promenade, et je fus toute triste de trouver les Champs-Élysées déserts; je ne voulais plus sortir de la voiture. Si le cocher ne m'avait fait observer que ses chevaux avaient faim, je serais restée toute la nuit.

Le surlendemain, toute cette ridicule gloriole

était tombée, le bon sens m'était revenu, et je rabattais mon propre caquet en me répétant bien haut et bien souvent à moi-même que toutes ces splendeurs étaient passagères, et que cette voiture, dont j'avais été si fière, ne m'appartenait pas... Un caprice me l'avait donnée... un caprice pouvait me la reprendre.

Je fus plusieurs jours sans voir le chanteur italien, occupé de préparer ses débuts ; je n'en étais pas fâchée.

Le langage des œillades et la conversation par interprète n'auraient pas été longtemps sans me fatiguer. Décidément, il valait mieux pour lui qu'il eût le temps de faire des progrès dans la langue française.

Il en est de la Bohême comme des autres pays situés sur la carte du monde : il n'est pas toujours prudent d'y rendre des services.

Je fis de cette vérité, à propos précisément du duc et de B..., une épreuve assez cruelle.

Un jour que je me promenais sur le boulevard du Temple, je vis passer une fille que j'avais connue au théâtre Beaumarchais. Je tirai le cordon de la voiture, et je l'appelai. Comme elle n'avait rien à faire ce jour-là, je l'emmenai dîner.

C'était une fille d'une vingtaine d'années, grande, pas mal faite, jolie, le teint très-coloré ; je la savais peu spirituelle, mais je la croyais bonne.

— Eh bien, ma pauvre Joséphine, lui dis-je, quand elle fut assise à côté de moi, qu'as-tu fait depuis que je ne t'ai vue? Es-tu heureuse?

— Non, je pourrais l'être si je voulais, mais je ne le suis pas par bêtise. J'ai une passion qui me mange tout. Ça a commencé par mes robes et a fini par mes meubles. Aujourd'hui, je n'ai plus rien; *il* ne veut plus me voir; il me dit que je le dégoûte avec mes grands pieds et mes grosses mains.

Le fait est que, sous ce rapport, la nature avait été un peu trop libérale envers elle.

— Ah ça! de qui diable es-tu donc si entichée?

— D'un acteur! Je me suis faite figurante aux Délassements, par amour.

— Eh bien! il faut quitter les Délassements, par raison. Veux-tu entrer à l'Hippodrome, je parlerai pour toi?... Veux-tu rester avec moi? je t'aiderai à oublier ton amour. C'est une stupidité d'aimer un pareil homme!

Nous avions dîné; je l'habillai des pieds à la tête, et je l'emmenai à l'Opéra, voir **Robert-le-Diable**.

Je la présentai au duc et à ses amis, qui nous conduisirent prendre des glaces au café Anglais.

Joséphine paraissait trouver ce genre de vie fort

agréable. Elle s'accrochait à moi et me faisait les plus belles protestations d'amitié.

On afficha les débuts de B...

Je dînais dehors ce jour-là; j'arrivai tard au théâtre. Le bruit de la loge en s'ouvrant fit lever la tête à mon ténor, qui avait à dire dans un passage de la *Lucie:* « Céleste Providence! »

Je le vois encore. Il ouvrit les bras, regarda de mon côté et resta court sur le mot « Céleste. » Cela dura deux ou trois secondes; peu de personnes s'en aperçurent.

Pederlini vint, dans l'entr'acte, me dire qu'il avait eu peur; qu'il regrettait que je fusse là; que j'allais le troubler.

Je lui offris de me retirer pour ne pas gêner ce pauvre garçon.

Il me dit:

— Non, maintenant je crois que l'effet est produit. Il vous chercherait; cela serait encore pis.

— Comme il est beau! me disait mon amie, émerveillée sans doute du costume de velours noir.

Elle lui fit faire des compliments sur la manière dont il avait chanté le premier acte. Il crut sans doute que c'était moi, car il parut me remercier du regard en entrant.

Il voulut tant faire qu'il chanta faux.

Il chercha à se rattraper au troisième acte ; la voix lui manqua : l'émotion de ses débuts lui avait donné un enrouement subit.

A la fin de la pièce, je le crus mort pour tout de bon, tant il avait râlé son finale.

Cela me fit beaucoup de peine. Il était si beau garçon qu'avant d'avoir ouvert la bouche il avait déjà des ennemis dans la salle.

On ne siffla pas, mais on riait ; peu de gens furent indulgents. Il avait un accent ; on l'appelait Gascon, Auvergnat.

Il s'agissait pour lui de quarante mille francs par an s'il réussissait !

Je compris combien il devait avoir de peine, et je lui fis dire que je prenais une grande part à ce qui venait de lui arriver, mais qu'il ne fallait pas se décourager, qu'il avait encore deux débuts.

Pederlini me l'amena le lendemain. Je ne le trouvai pas trop démonté. Je lui indiquai les mots qu'il avait mal prononcés ; je les lui fis répéter plusieurs fois.

— Puisque vous avez commencé, il faut continuer, dit Pederlini en riant ; je suis sûr qu'il fera de grands progrès avec vous.

B... paraissait de cet avis, car il venait prendre jusqu'à deux leçons par jour.

A son second début, j'étais pâle comme une

morte ; j'avais mal aux nerfs ; je tremblais pour lui.

Il chanta mieux, prétendit que c'était à cause de moi, et ne voulut plus me quitter, sous prétexte que je lui étais indispensable et qu'il voulait me prouver sa reconnaissance. Il donna un grand dîner en mon honneur et à l'occasion de ses débuts.

Le troisième avait réussi tout-à-fait, B... était aux anges : son bonheur l'exaltait.

On ne sait pas à quoi on s'expose quand on s'attire la reconnaissance d'un Italien.

J'avais fait engager Joséphine à l'Hippodrome ; nous répétions ensemble. J'apprenais un nouvel exercice. On devait faire conduire des chars romains par des femmes. Nous étions trois qui devions courir : Angèle, Louise et moi.

Je vivais dans une sécurité complète, sans me douter du danger qui me menaçait. Joséphine était un serpent que je réchauffais dans mes cachemires.

Cette chère amie trouva qu'elle était mon obligée depuis trop longtemps, que le moment était venu de me prouver sa gratitude ; elle n'imagina rien de mieux que de me supplanter dans les affections du duc.

Elle vint donc un beau matin se faire belle dans

ma chambre, avec un châle, et un chapeau qu'elle m'emprunta, et se fit conduire à l'hôtel du duc. Il refusa d'abord de la recevoir ; mais elle mit tant de persévérance qu'il y consentit.

Ce qu'elle lui conta, je ne l'ai jamais su. Il avait assez d'esprit pour ne pas me raconter le mot à mot d'un cancan.

Elle rentra chez moi après lui avoir fait promettre le secret. Elle avait sans doute reçu quelques louis pour prix de sa trahison.

Le duc vint me voir à quatre heures... Il me parla beaucoup de l'Opéra et des chanteurs. Je compris que j'avais passé par la langue de quelqu'un.

Joséphine ne changea pas de couleur.

Quand il fut parti, elle me dit qu'elle ne s'expliquait pas comment il avait pu savoir tout cela.

Je l'avais vue lui faire un signe dans une glace ; je ne pouvais donc conserver aucun doute sur sa perfidie.

Il n'a jamais été dans mon caractère de marchander avec une situation. Je voyais bien que tout était fini entre le duc et moi. Je n'avais nulle envie de m'humilier pour rentrer en grâce ; mais je voulais faire justice de Joséphine.

J'écrivis au duc de venir me parler le lendemain ; qu'il pourrait me retirer son amitié après ;

mais que je désirais avoir avec lui une dernière entrevue.

Il fut exact au rendez-vous, au grand regret de ma chère amie qui, depuis la veille, était mal à son aise. Elle voulait sortir ; je la priai de n'en rien faire. Comme elle insistait, je le lui défendis.

— Vous sortirez dans quelques instants; je veux avoir le cœur net d'un soupçon.

Elle se redressa avec un aplomb incroyable.

Je n'eus pas le temps d'en dire davantage, le duc entrait.

— Vous êtes bien aimable d'être venu, je vous en remercie. Je ne veux pas contrarier votre volonté ; si vous ne devez plus me voir, je ne tenterai rien pour changer votre résolution. Il se peut que j'aie fait tout ce qu'on vous a dit ; il se peut qu'on ait beaucoup exagéré. Je pourrais essayer de me justifier ; mais si votre intention est arrêtée, je vous ennuierais sans vous convaincre. Je veux seulement connaître l'auteur de tous ces beaux récits... Je ne vois qu'une femme qui était placée de façon à me nuire dans votre esprit : c'est Joséphine ; mais je ne puis croire que ce soit elle. Je l'ai rencontrée, ne sachant où manger et disposée à se mettre au coin de la rue pour offrir sa beauté aux passants. Voyez, je ne vous mens pas : elle a mes bas aux jambes ; elle y aurait mes souliers si elle n'avait pas de si gros pieds. Elle porte mes chemises, mes robes, mes cols! je la nourris depuis plusieurs mois, je l'ai fait engager; je partageais avec elle tout ce que je pouvais avoir; si c'était elle, avouez que cela serait bien mal et que j'aurais bien fait de vous prier de venir, pour lui dire devant vous : « Vous êtes ce que je connais de plus méprisable au monde, sortez de chez moi, votre trahison ne vous profitera pas. »

Je m'étais exaspérée petit à petit. Joséphine ne bougeait pas; elle se croyait sûre de la protection du duc; mais il avait l'esprit juste et le cœur droit.

Les reproches qu'il avait à me faire ne l'empêchèrent pas de comprendre mon indignation contre Joséphine. Me voyant pâle de colère, il me pria de passer dans ma chambre; il fit tous ses efforts pour me calmer, puis, sonnant ma domestique, il lui ordonna de renvoyer Mlle Joséphine, qui ne devait pas rester une minute de plus chez moi.

Quand elle fut partie, il me dit qu'il avait voulu ménager mon amour-propre, qu'il serait toujours mon ami, que si jamais j'avais besoin de lui, je n'avais qu'à lui écrire.

Il m'annonça son départ pour la campagne, sans me dire quand il reviendrait.

Je compris que c'était un congé; j'en avais pris mon parti d'avance, et pourtant je fus triste pendant quelques jours.

Il n'y a si petit lien qui ne se brise avec effort, et en dépit de tous mes beaux projets de philosophie, je ne pouvais quitter sans peine ma vie de bien-être et de luxe pour me trouver de nouveau exposée aux chances de la gêne et de l'imprévu.

Je fus étonnée de voir la voiture venir, le lendemain matin, comme à l'ordinaire. Le cocher me dit qu'on avait payé trois mois d'avance.

Dans mon désastre financier, il devait m'être bien indifférent de garder quelques jours encore ce débris de mes splendeurs passées. J'eus l'enfantillage d'en juger autrement, et le plaisir de courir en voiture m'aida à me consoler plus vite.

Je m'ennuyais seule. J'allais dîner presque tous les jours chez B...; ce n'était assurément pas par gourmandise, je n'ai jamais pu souffrir le macaroni, et c'était le fond de la cuisine; je déteste le fromage, on en mettait partout; mais je trouvais nombreuse compagnie.

On chantait, on faisait de bonne musique.

Il arriva même que le commissaire de police, la trouvant trop bonne, la défendit.

B... avait loué un très-bel appartement meublé

rue de Richelieu, 110, pour être près de l'Opéra.

Quand il chantait avec ses amis, surtout le *Belisario*, on s'amassait dans la rue et au coin du bouvard. La foule grossissait tellement que les voitures ne pouvaient plus circuler. On le pria de fermer les fenêtres et de chanter moins fort.

Il me montrait souvent des lettres qu'on lui écrivait contre moi. Quant un ténor a le malheur d'être amoureux en dehors de l'Opéra, les rattes exaspérées grignotent leur rivale jusqu'au sang.

L'une d'elles, qui s'était prise d'une grande passion pour ce chanteur, lui écrivait :

« Comment pouvez-vous être assez aveugle pour ne pas voir qui vous aimez, et pour vous attacher à une femme qui n'a pas même l'estime du cheval qui la porte? »

Je le priai sèchement de garder ses poulets et de ne jamais m'en faire part.

J'avais envie de lui dire une belle phrase, que j'avais lue le matin dans un journal :

« Leurs injures n'arrivent pas à la hauteur de mon mépris! »

Mais je réfléchis, qu'étant étranger, il n'en comprendrait pas toute la valeur.

Le jour de la réouverture de l'Hippodrome était arrivé!

Les chars de Rome eurent un très-grand succès. Les costumes étaient magnifiques.

J'avais un bonnet phrygien rouge avec des étoiles d'or ; une tunique blanche brodée en or, venant aux genoux, ouverte sur le côté jusqu'à la hanche ; des sandales rouges avec des cothurnes ; un grand manteau sur l'épaule droite, la manche retroussée sur l'épaule gauche avec un camée.

Ce costume était impossible pour les femmes mal faites. Plusieurs de mes compagnes jetèrent les hauts cris et rallongèrent leurs jupes. J'avais négligé de prendre cette précaution.

Cet exercice, du reste, était horriblement dangereux et horriblement fatigant.

Je rentrai chez moi, le jour de la première, avec un mal de tête fou. Je me jetai sur mon lit en robe de chambre.

B..., qui était venu me complimenter sur mon succès, désolé de me voir malade, m'incommodait à force de soins et d'offres de service.

J'avais beau lui dire qu'il n'y a qu'un remède pour la migraine : le repos, il s'obstinait, ce qui m'avait mise d'une humeur exécrable.

On sonna ; ma bonne entra effrayée :

— Madame, le duc !

— Oh ! mon Dieu ! dis-je étonnée, je ne veux

pas qu'il vous voie ici... Allez dans l'autre chambre !

— Impossible, madame, il est dans le salon ; il faudrait passer devant lui.

— Que faire ?... Tenez, entrez là.

Je lui montrai la porte d'un petit cabinet au pied de mon lit.

Il fronça les sourcils et répondit net qu'il ne voulait pas.

Entrez, lui dis-je avec autorité, ou je ne vous reverrai jamais. J'ai déjà trop risqué pour vous ; si vous n'entrez pas là, je vais rompre avec vous devant lui.

Il était temps : la porte s'ouvrait.

— Vous me faites faire antichambre, dit le duc en regardant autour de lui ; vous n'étiez donc pas seule ?...

— Si, lui dis-je en lui montrant un bain de pied resté près de la cheminée ; je ne voulais pas vous recevoir pieds nus...

— Qu'est-ce que cela faisait ? Vous avez admirablement conduit votre char aujourd'hui ! Ce costume romain vous va à merveille. J'ai promis à mes amis de vous faire dîner ce soir avec eux.

— Je suis fâchée de vous faire manquer de parole, mais je n'y puis aller; l'émotion et la secousse des chars m'ont donné un mal de tête et de cœur qui me fait atrocement souffrir.

— Oh! ma chère, j'ai promis ; il faut absolument que vous veniez. Vous serez malade demain.

— Il faut!... Vous êtes étonnant, vous autres grands seigneurs; il semble que quand vous avez dit ce mot, la nature entière doit obéir, les morts doivent sortir du tombeau, les malades doivent bien se porter. Je trouve « *il faut* » charmant ! Si j'étais bien portante, ce *il faut*-là me ferait refuser net. Supposez que je puisse sortir : qui vous a dit que je n'avais pas un autre engagement ? Depuis quinze jours, vous ne m'avez pas donné signe de vie. J'étais libre...

— Je suis assez riche pour vous faire manquer de parole aux autres. Habillez-vous et soyez à six heures au café Anglais ; je vous enverrai demain un cadeau dont vous serez satisfaite. N'ai-je pas continué d'user envers vous des meilleurs procédés ? Vous ai-je retiré votre voiture ? Si vous y tenez, ne manquez pas.

Il sortit sans attendre ma réponse.

J'avais dans la tête le bourdon de Notre-Dame. B... était sorti de son cabinet... les regards enflammés de colère et fixés sur la porte.

— Il ne faut pas avoir de cœur pour vivre comme

cela!... Moi qui vous en croyais tant! Cet homme-là ne vous aime pas! Il vient vous voir aujourd'hui parce qu'il a entendu vanter votre grâce et votre élégance. Ce sont les murmures approbateurs du public qui le ramènent à vos pieds.

— Vous ne m'apprenez rien de nouveau, mais que voulez-vous que j'y fasse?... Il y a longtemps que je vous en ai prévenu. Dans tout le mal que l'on dit de moi, il y a beaucoup de vrai : ne vous forgez pas d'illusions sur mon compte. Il me faut une petite fortune pour atteindre un but que je ne puis vous expliquer ; mon état ne me suffit pas.

— Pourquoi ne pas vous établir? Cette vie-là est ignoble, et si je devais la voir de près, je prendrais en dégoût la femme que j'aimerais le mieux. Allez-vous-en à ce dîner, l'ordre est précis... Je vais vous y conduire si vous voulez, je vous ferai mes adieux pour toujours à la porte.

Quoique dit dans un mauvais français, tout cela me touchait au vif.

Les murmures de mon cœur me répétaient bien souvent tout bas ce que B... venait de me dire tout haut; mais il n'était pas dans mon caractère de céder et de donner raison sans répondre.

— Prenez garde, mon ami, vous êtes sur le chemin de me faire une défense, je vous en avertis, c'est un peu dangereux ; vous me dites que si je vais à ce dîner, vous ne me verrez plus. Ce n'est pas à cette menace que je cède ; je n'y vais pas, parce que je ne peux pas ou ne veux pas y aller. J'écrirai au duc une lettre polie. Si la grandeur et la fortune en ont fait un enfant gâté, ce n'est pas sa faute ; j'ai été heureuse de ce qu'il a bien voulu faire pour moi ; je me brouillerai peut-être avec lui, mais je ne serai ni grossière, ni ingrate.

Sur ce, je priai assez sèchement B... de me laisser reposer.

Le duc vint le lendemain savoir de mes nouvelles ; il était froid et maussade. Habitué à tout faire plier devant sa volonté, il ne comprenait pas le mot : Impossible.

Je crois cependant qu'à cause de mon caractère et de la résistance que j'opposais souvent à ses fantaisies, il avait fini par avoir pour moi une certaine affection.

J'étais retombée dans un grand découragement ; je voyais autour de moi s'élever et tomber toutes ces femmes dont le sort, de loin, m'avait fait envie.

Rien de plus triste que ces amours qui commencent avec la nuit pour finir avec le jour. La fumée évanouie, la réalité apparaît, affreuse, effrayante !

Les dettes, la misère guettent les femmes derrière leurs rideaux de dentelle.

Les vieilles sont dénuées de tout. Les jeunes ont une brillante toilette qu'elles doivent presque toujours ; si elles mouraient, on ne trouverait pas dans leur armoire un drap de toile pour les ensevelir ; et pourtant, une fois dans ce tourbillon, il est bien difficile d'en sortir. C'est à qui fera le plus d'extravagances. Les sages sont les fous. Les jeunes gens veulent montrer chaque jour un cheval nouveau, les femmes mettre une robe neuve.

L'existence n'est plus qu'un défi à l'impossible, une course au clocher, une sorte de steeple-chase, où l'on perd, à moins d'un miracle, santé, repos, conscience et bonheur.

A travers mes infortunes, j'ai eu une chance : c'est que la douleur, ou morale, ou physique, est toujours venue me réveiller à propos, et m'empêcher de boire jusqu'à la mort, comme j'ai vu tant d'autres le faire, à la coupe fatale de cette fausse volupté !

Grâce à ces diversions, qui m'ont sauvée en me torturant, j'ai pu, des qualités que le bon Dieu avait mises dans mon cœur, en garder une seule intacte : l'énergie !

Une grosse peine vint me distraire du découragement où j'étais près de me laisser entraîner.

Rien n'est contagieux comme la mode. Il y avait cette année-là, à cause des exercices de l'Hippodrome, une véritable rage d'équitation. Toutes les femmes montèrent à cheval et cherchèrent des obstacles partout, pour en faire autant que nous. Ne pouvant conduire des chars, elles se mirent à conduire elles-mêmes leurs voitures.

Lise montait souvent à cheval.

Elle était fort heureuse; elle avait un appartement rue Saint-Georges, n° 33; elle aussi s'était jetée dans les amours armoriées. Son nouvel amant était le comte de ***.

Elle m'avait fait dire qu'aussitôt installée, elle m'écrirait, et n'avait pas encore tenu sa promesse.

Un jour, en sortant de l'Hippodrome, je vis beaucoup de monde réuni par groupes; il devait être arrivé un malheur; je m'approchai.

— Pouvez-vous me dire ce qu'il y a, monsieur, s'il vous plaît?

— Un accident qui serait affreux s'il était arrivé à une autre, mais à celle-là, il n'y a pas grande perte.

Je regardai cet homme; j'avais le pressentiment qu'en insistant j'allais me faire de la peine ; pourtant je voulais savoir et je lui dis :

— Qu'est-il donc arrivé ?

— Ah ! me dit-il, moitié riant, c'est la Pomaré, qui faisait ses embarras au milieu des voitures ; son cheval a eu peur et s'est emporté, sans que personne cherchât à l'arrêter. Les cheveux de la reine étaient défaits, elle avait l'air d'une folle.

D'autres personnes, qui venaient de la barrière, vinrent auprès de moi en disant :

— Ah ! la pauvre femme ! elle a voulu sauter, son pied s'est accroché dans l'étrier, et le cheval l'a traînée si longtemps que sa tête est mutilée. Ça fait mal d'y penser ; on ne pouvait pas voir sa figure : ses cheveux et le sang faisaient un masque.

Je sautai dans ma voiture, je me fis conduire dans la direction indiquée. Il y avait des rassemblements autour de taches de sang. On avait emmené cette malheureuse femme ; personne ne l'avait reconnue. Je dis au cocher :

— Rue Saint-Georges !

Sa bonne me dit qu'elle était sortie depuis le matin, mais en toilette de ville. Cependant cela ne signifiait rien, parce que sa robe d'amazone était au manége.

Je dis que j'allais rue Duphot ; que s'il y avait du nouveau, on envoyât de suite chez moi.

On m'assura, au manége, ne pas l'avoir vue de la journée ; on me fit voir sa robe. Je rentrai chez moi pour me changer ; j'étais en nage. J'allais ressortir quand on sonna.

— Oh ! c'est elle ! j'en suis sûre.

Chose étrange ! en m'habillant, je venais de la voir passer dans ma glace.

J'ai souvent eu de ces visions-là ; elles ne m'ont jamais trompée.

J'allai ouvrir ma porte et mes bras. Quand je l'eus bien embrassée, je lui racontai le bruit qui courait, la peur que j'avais eue ; je ne la quittai pas de deux jours.

La malheureuse femme qui était tombée de cheval mourut de ses blessures.

Lise me dit beaucoup de bien de son amant, qu'elle appelait Ernest, et me le présenta à dîner.

Sa sœur était enceinte et était venue demeurer chez elle, pour être mieux soignée.

Nous dînâmes tous quatre.

M. Ernest était un homme de quarante-cinq ans, blond, demi-chauve. Il portait les cheveux longs et les ramenait sur sa tête pour cacher les places claires. Sa figure était longue, mince ; il gardait ses favoris pour dissimuler le creux de ses joues ; il était petit, maigre, sa peau était jaune, semblait être beaucoup trop grande pour sa figure et formait un tas de plis ; ses yeux étaient bleu passé, sa bouche grande, son nez mince, ses moustaches d'un blond roux. Il avait des dents superbes.

Je suis bien fâchée d'être obligée de lui rendre cette justice, car il me déplaisait.

Lise eut beau me vanter sa bonté, son amitié pour elle, je ne revins pas sur la première impression ; seulement, pour ne pas lui faire de peine, puisqu'elle paraissait avoir des obligations à cet espèce de singe, je le trouvai charmant.

Eulalie était près d'accoucher, elle faisait faire sa layette à Lise qui devait être marraine.

On avait acheté un petit berceau. Camille avait demandé à être parrain. Il était toujours le même ; Lise commençait à compter sur lui.

Elle me parla d'un bal où elle devait aller, à Passy, chez des jeunes gens ; elle me demanda si j'irais et si je voulais venir la prendre.

Je lui dis que oui, mais que, comme il y avait encore huit jours, si elle changeait d'avis, elle me fît prévenir.

Les huit jours écoulés, n'ayant pas de nouvelles, je fus la voir sur les deux heures.

— Eh bien ! viens-tu toujours ?

— Mais certainement, me dit-elle. Entre par ici, j'arrange des fleurs pour ma coiffure.

J'entrai dans son cabinet de toilette ; il y avait des bougies allumées. Sa sœur était couchée sur un divan ; il servait de lit.

— Est-ce que vous êtes malade ? lui dis-je en la voyants si pâle.

— Oui, me dit-elle, mais ce n'est rien.

— Tiens, me dit Lise, je vais mettre ces grenades-là.

Je regardai d'autres fleurs éparses sur le petit berceau ; je sentis quelque chose comme une tête d'enfant ; je me penchai un peu et je vis une petite croix et du buis béni. Je me retournai tremblante.

— Que veut dire cela ?

— Tu le vois bien : ma sœur a fait une fausse couche cette nuit. C'est une fille ; on ne l'enterrera que demain.

Je sortis de cette pièce à reculons, disant à Lise :

— Viens me prendre si tu veux, je ne reviendrai pas ici.

Elle arriva le soir, toute parée, sans avoir l'air de penser qu'elle avait laissé la mort chez elle.

Le caractère de cette femme était rempli des plus étranges contradictions.

Son insensibilité dans cette circonstance m'étonnait d'autant plus, que je me rappelais le désespoir qu'elle avait éprouvé à la mort de son enfant, et que j'aurais cru cet événement de nature à renouveler toutes ses douleurs.

Je ne sais pas, au surplus, si cela tient à la société au milieu de laquelle j'ai vécu, mais il me semble que je n'ai jamais vu autre chose dans la vie : partout et toujours l'inconséquence.

C'est peut-être heureux ; car il y a de si vilaines choses dans l'espèce humaine, que, si elle était toujours d'accord avec elle-même, elle serait horrible !

XV

UNE COURSE EN CHAR.

Je revins du bal sous l'impression la plus mélancolique.

Nous étions dans les premiers jours de juillet, la chaleur était accablante, ce qui rendait mon service à l'Hippodrome très-pénible.

J'avais déjà fait deux ou trois chutes avec mes chevaux. On m'avait saignée deux fois, cela m'avait fatiguée; je dormis mal la nuit.

Je fis mille rêves pénibles; je me levai triste, préoccupée.

J'ouvris ma fenêtre et je regardai le temps : il était superbe; le soleil resplendissait, ce qui d'ordinaire m'égaye et me ranime; pourtant j'avais le cœur serré. Je me mis à table sans pouvoir manger.

— Madame est malade? me dit ma bonne.

— Malade... non. Je ne sais, mais il me semble que je vais apprendre une mauvaise nouvelle; j'ai la mort dans l'âme. C'est aujourd'hui jour d'Hippodrome; j'ai idée que je vais me rompre le cou.

— C'est un vilain métier que vous faites là !...

Elle avait raison, car je gagnais bien peu. Je me proposais de demander de l'augmentation; m'en accorderait-on? Ils avaient plus de femmes qu'ils n'en voulaient; pour se mettre en évidence elles s'offraient pour rien. Elles n'avaient jamais pris de leçon; mais qu'est-ce que cela fait aux administrateurs, pourvu qu'ils fassent fortune? Ils méprisent celles qui les enrichissent. Si la police n'y mettait pas bon ordre, ils en feraient tuer quatre sur dix. Est-ce qu'un spectacle sans danger a du charme? On ne cherchait pas à éviter les accidents. On nous donnait des chevaux qui n'avaient pas de jambes et qui s'abattaient aussitôt qu'on les pressait? En faisant la Croix de Berny, un Anglais a tombé avec son cheval dans le fossé du milieu; ce fossé avait environ douze pieds de profondeur; on crut l'homme et le cheval morts, car ni l'un ni l'autre ne se relevèrent. L'homme était évanoui. Quand il revint à lui, on vit qu'il était abîmé. Ses dents étaient cassées; il avait sur le devant de la tête une large plaie béante. Le médecin ordonna de le coucher de suite. Un des directeurs, présent à la chute, qui semblait surtout préoccupé de la crainte de voir cet exercice défendu pour cause de danger, dit alors : « Mettez-le sur un brancard et qu'on le conduise à l'hôpital! »

A ce moment le pauvre blessé ouvrit les yeux, joignit les mains et supplia qu'on le laissât mourir là, mais qu'on ne l'envoyât pas à l'hospice.

Je ne sais pourquoi cela lui faisait si peur, je ne le lui demandai pas; mais voyant que personne ne répondait, je ne pus me contenir.

— Quelle infamie! dis-je. Voilà le sort qui nous attend si nous n'avons pas d'autre ressource. Ce n'est pas assez de nous supprimer nos appointements quand nous sommes malades, il faut encore faire mourir de chagrin ceux qu'une chute pareille n'a pas tués sur le coup. Conduisez ce malheureux chez moi, j'en aurai soin, pour faire honte à ces mauvais cœurs. Le pauvre garçon m'embrassait les mains; tout le monde m'approuva du regard.

Un des directeurs dit que j'avais raison, et donna l'ordre de conduire le blessé chez lui.

C'était une bonne âme, que Dieu a rappelée depuis; il avait été malheureux toute sa vie. C'était un esprit supérieur ; le nom de Ferdinand Laloue est resté dans la mémoire de ceux qu'il a obligés et de ceux qui l'ont connu.

Le pauvre Anglais fut abîmé : il eut le nez de travers, une cicatrice à la joue et cinq dents cassées.

Pour faire cet exercice il faut de bons jockeys; comme les bons sont chers, on prend de mauvais sujets qui ne peuvent rester en place : ils sont presque toujours gris, logent dans de mauvais garnis, n'ont pas d'amis et seraient abandonnés. C'est peut-être ce qui lui faisait redouter l'hôpital.

Quinze jours auparavant, on me fit essayer un cheval de steeple-chase; pour l'entraîner on fit monter deux jockeys à mes côtés ; ils étaient ivres-morts; ils partirent si grand train que mon cheval s'emporta et me fit faire huit ou dix tours, je sautai vingt claies de trois pieds et demi, j'avais les mains en sang.

On mit les jockeys à l'amende ; mais leur ivresse avait failli me coûter la vie, car mon cheval avait fait des fautes à chaque saut.

Cela les avait amusés, ils allèrent en rire chez les marchands de vin.

Je ne m'exposais pas ainsi de gaieté de cœur ; si j'avais pu faire autrement, j'aurais quitté l'Hippodrome sans regret.

Je partis à une heure, mais j'étais triste.

Arrivée dans ma loge, je me mis à rire avec mes camarades.

La première partie finit ; j'avais fait deux exercices, je rentrai plus rassurée. Je dis à Angèle et à Louise :

— Ne me serrez pas trop, je broie du noir depuis ce matin.

— La moitié s'est bien passée, le reste se passera bien, dit Angèle ; mais on a des jours comme cela.

Nous fîmes un tour au pas pour gagner le but. Arrivées bien en ligne, on nous cria :

— Partez !

Mon cœur se serra ; mais, emportée comme le vent, je perdis cette crainte.

La course promettait d'être belle, les chars se dépassaient tour-à-tour; j'avais dépassé Louise, j'allais dépasser Angèle ; c'était le dernier tour.

Dans le tournant, près des écuries, je vis de

côté Louise qui me serrait; j'allais frapper mes chevaux pour les exciter, quand je sentis une violente secousse.

Louise venait d'accrocher dans sa roue un des bouts de la queue de mon char, espèce de crampon qui sert à empêcher le caisson du char de traîner à terre; si elle eût arrêté court, ce crampon aurait pu sortir de suite de ses jantes; mais elle fouetta pour passer, et m'entraînant, me fit pirouetter; mon timon s'appliqua avec violence sur mon cheval de droite, il se cabra contre un poteau, poussa un hennissement qui fendit l'air, et retombant en arrière, il entraîna dans sa chute l'autre cheval qui, voulant se relever, tira de côté et fit sombrer mon char.

Je tenais encore les rênes pour empêcher les chevaux de se sauver et de me traîner; mais un cheval en se débattant me frappa l'épaule, je lâchai, engourdie par la douleur; j'entendais un bruit confus :

— Elle est morte !

Les chevaux firent un effort, me traînèrent pendant quelques pas, la face contre terre; quelque chose me passa à deux reprises sur la jambe, je poussai un grand cri; je venais de sentir mes os se broyer.

On arrêta les chevaux qui se débattaient; l'un

avait la jambe cassée, il fallut l'abattre pour étouffer ses plaintes.

Cette scène avait dû être atroce pour les spectateurs. Des femmes pleuraient, d'autres étaient évanouies ; le public avait escaladé les barrières et questionnait les médecins qui m'entouraient.

J'ouvris les yeux, je me mis à genoux, puis debout, je passai ma main sur ma cuisse droite, j'éprouvai une grande douleur, mais je me tenais debout ; je n'avais pas les jambes cassées, comme je l'avais cru ; j'écartai tout le monde, je voulais essayer de marcher pour m'assurer que je n'avais rien de brisé ! J'y réussis, mais avec des douleurs atroces et en laissant derrière moi des traces de sang.

Je saluai le public qui venait de me montrer tant d'intérêt et que je voulais rassurer. Je fis quelques pas, soutenue sous les bras, puis je m'affaissai sur moi-même.

On me fit revenir, puis on me saigna deux fois ; le sang ne partait pas.

On me pansa et on me coucha tout de mon long dans une calèche ; on ordonna au cocher d'aller au pas. Quelques femmes me suivirent, par intérêt pour moi ou par ostentation.

Ce cortége était triste et se grossissait en route

de tous les curieux. Chacun donnait son avis ; la fin de toute conversation était :

— Elle est perdue !

Je ne pouvais guère repousser cette idée : mon corps était raide, froid ; mon cœur semblait ne plus battre. Cela ne me fit aucune peine ; au contraire, je remerciai Dieu. J'avais tant vécu en peu de temps, personne ne m'aimait en ce monde !

Quand on m'eut montée et couchée dans mon lit, je fermai les yeux et j'attendis la fin. La fièvre me prit...

Le lendemain, je sortis de cet engourdissement ; je fis l'examen de mon mal : j'avais une partie de l'épaule et du coude dépouillée; des grains de sable étaient entrés dans la chair et y avaient fait des trous.

Pour empêcher les chars de trop chasser dans les tournants, on avait plombé les roues ; une de ces roues m'avait passé sur la cuisse et me l'avait entourée d'un bourrelet violet, large et épais comme la main ; j'avais une luxation au genou ; il s'était formé un épanchement sous la rotule ; j'avais sur l'os une ouverture de deux pouces, qu'un cheval m'avait sans doute faite avec son fer en se débattant. Ma jambe était un brasier.

Le médecin de l'Hippodrome vint me voir ; il m'ordonna des compresses et du repos.

Je suivis ses prescriptions pendant six jours, sans éprouver de mieux ; au contraire, je souffrais de plus en plus.

Un jeune homme vint me voir ; il avait été témoin de l'accident, et, sans me connaître, il avait pris très-régulièrement de mes nouvelles. Il me dit qu'on me soignait mal, qu'il allait m'envoyer le premier chirurgien de Paris, qu'il ne fallait pas rire avec les maux de jambes.

Le lendemain, un gros homme arriva à neuf heures du matin ; il entra dans ma chambre tout droit ; je lui demandai ce qu'il me voulait :

— Allons, défaites les bandes de votre jambe ; je viens de la part de M. Gustave de Bel...

J'obéis ; mais je tremblais, car il me faisait peur ; il avait l'air si dur. Il me pressa le genou à me faire crier, il regarda ma plaie rouge, gonflée, mais à moitié fermée.

— Quel est l'imbécile qui vous soigne ? me dit-il en ajustant ses deux doigts de chaque côté de la cicatrice.

Je crus qu'il allait serrer ; je pris ses deux mains dans les miennes.

— Allons, n'allez-vous pas faire l'enfant ? est-ce que vous ne tenez pas à conserver cette belle jambe-là ?

Il appuya un peu ; je me mis à crier.

— Criez, criez, me dit-il, cela soulage.

La porte de ma chambre s'ouvrit, et je vis ma mère en pleurs.

— Maman! dis-je, oubliant le médecin, qui ne m'oubliait pas, et qui, profitant de ma distraction, décolla les chairs presque cicatrisées.

Le cœur me manqua; je me jetai en arrière sans crier; je sentis quelque chose de tiède me couler sur le pied.

On lui donna une serviette, qui se teignit d'un sang noir. Sitôt que je retrouvai ma respiration, ce fut pour pleurer; je retirai ma jambe, que je ne voulais plus confier à ce bourreau.

Il se mit à rire de ma colère et me dit :

— Vous me détestez joliment, hein? Mais je ne viens pas pour me faire aimer : je veux vous guérir. Cela s'était mal fermé, il vous serait venu à côté un dépôt. Maintenant, il faut que je voie si l'os n'a rien et que je vous brûle.

— Jamais! lui dis-je; vous ne me toucherez plus, j'aime mieux mourir.

— Alors, je vais m'en aller. Et il se croisa les bras.

— Voyons, me dit ma mère, un peu de courage!

Je fus honteuse de ma faiblesse et je mis mon

pied sur son genou. Il prit un bistouri, écarta les chairs, gratta légèrement l'os.

La sueur me perlait au front.

Ma mère me serra la main, de l'autre je serrais mes draps si fort que je fis des trous avec mes ongles.

Il frotta la pierre infernale autour de l'ouverture. Je demandai grâce; il s'arrêta et me dit :

— En voilà assez pour aujourd'hui, nous recommencerons cela dans deux jours. Vous allez mettre une toile cirée sous elle, vous placerez une traverse en bois au-dessus du genou. Vous irez chercher un alambic que l'on va vous donner; vous l'emplirez de glace, qui fondra goutte à goutte sur sa jambe, jour et nuit.

Ma mère le reconduisit; elle rentra toute pâle.

Une fois la douleur engourdie, je lui demandai comment elle avait su mon adresse, et qui lui avait dit que j'étais malade.

— J'ai, me dit-elle, sur mon carré une femme qui donne des petits bancs à l'Hippodrome. Un jour elle m'avait fait cadeau de deux places; je voulais voir si cette Céleste, dont on parlait tant, n'était pas ma fille. Quand je te reconnus, je faillis m'évanouir. J'avais bien envie de t'embrasser, mais je n'osais pas aller à toi. Je ne voulus jamais retourner te voir faire ces courses maudites, j'avais trop peur. Tous les deux jours j'avais de tes nouvelles; mais depuis six jours je n'y tenais plus. Rosalie me rapporta qu'on disait qu'il faudrait te couper la jambe. Me voilà; m'en veux-tu?

— Non, au contraire.

Ce qu'elle m'avait dit m'avait fait passer dans la cuisse comme une lame d'acier; je sentais un froid vers l'os, je restai pensive. Je me consolai en disant que, s'il me fallait subir cette opération, je me tuerais.

Ma mère s'établit près de moi; je n'osai rien lui demander de sa vie privée.

Elle comprit ma discrétion et me dit qu'elle pouvait me donner tout son temps, vivant absolument seule.

Je reçus la visite de mes camarades.

Angèle, dont je n'avais jamais aimé le caractère, fut une des plus empressées. Je lui en sus gré et je ne l'ai pas oublié; tout le monde vint me voir à la fois, puis je restai seule.

Mon gros chirurgien me tint parole et vint me brûler une seconde fois. J'en avais une peur atroce.

Lorsqu'il me fit sa dernière visite, il me dit, en me tapant sur la joue:

— Eh bien! mon enfant, les plaies sont roses;

vous êtes sauvée. Je vous ai fait du mal pour votre bien; m'en voulez-vous toujours? Il n'y avait pas à lésiner, la chaleur est si grande, le sang a été si décomposé par la peur, que je craignais la gangrène. Il n'y a plus de danger; vous avez été bien raisonnable; tâchez, si vous le pouvez, de ne plus continuer ce métier-là.

— Monsieur, lui dis-je, comment reconnaître les soins que vous m'avez donnés?

— Vous n'avez rien à reconnaître. Je ne suis plus médecin; il a fallu une occasion comme celle-là pour que je me dérange. Je suis trop gros, je ne puis plus monter; tâchez que je ne revienne jamais vous voir, et, si vous tenez à vos membres, qui en valent bien la peine, ménagez-vous.

Il partit sans me dire son nom; je ne l'ai jamais su.

Ma mère me conseillait aussi de quitter l'Hippodrome.

B..., qui, me sachant malade, avait oublié qu'il me boudait, m'engageait, de son côté, à en finir avec un métier aussi périlleux.

Je leur promis de cesser à la fin de la saison, si on ne me donnait pas d'augmentation.

Je fis d'abord quelques tours dans ma chambre, puis je descendis; je marchais, mais avec une vive douleur au genou; j'allai en voiture à l'Hippodrome; ma place était prise, on se souvenait à peine de moi.

Cela me mit dans une telle fureur, que j'exigeai que l'on me rendît mes costumes et mes chevaux pour la représentation suivante.

On avait beau me dire que je n'avais pas de force, je ne voulus rien entendre.

Quand je remontai dans mon char, raccommodé comme moi, j'eus une grande émotion; on m'applaudit beaucoup. Je perdis la tête et je m'arrêtai au second tour.

Cela faillit causer un nouvel accident; le char qui me suivait fut au moment de monter dans le mien. On criait :

— Arrêtez!

Angèle tira sur ses chevaux et les détourna adroitement. Une ligne de plus, et le timon allait me frapper entre les deux épaules; je n'avais pas vu le danger; j'étais calme, au pas.

Quand on me conta ce qui avait failli m'arriver, je me mis à rire; je remerciai Angèle et je dis :

— Vous verrez que je me tuerai dans mon char, comme Hippolyte.

— Ne ris pas avec cela, dit Angèle, je suis

morte de peur! Tu n'es pas assez rétablie; tu devrais rester quinze jours à te reposer.

Je le fis, moins de bonne volonté que de force ; mais l'ennui me prit; je voyais tout en noir.

Je dis à ma mère que, si elle voulait, je quitterais le monde avec elle; que dès que j'aurais un peu d'argent, nous irions nous cacher dans quelque coin. Elle y consentit.

La saison était finie ; je demandai un rendez-vous à mon directeur, pour savoir quelles étaient ses intentions à mon égard ; s'il voulait m'engager pour deux ans et m'augmenter.

Il me regarda et me dit :

— Pourquoi vous augmenterais-je? Est-ce que vous ne faites pas *vos affaires?* Qu'est-ce que c'est, pour vous, que quelques centaines de francs par an de plus ou de moins? Je compte diminuer tout le monde: j'ai plus de femmes qu'il ne m'en faut; si je vous laisse au même prix, vous devez vous estimer bien heureuse.

— Voilà donc la récompense que je devais attendre de mes services! Je m'en vais, car, l'année prochaine, vous seriez capable de me demander de l'argent pour l'honneur de vous servir.

Il ne me retint pas, et je rentrai chez moi désespérée.

Ma mère me consolait et me disait :

— N'ont-ils pas eu le feu?... C'est peut-être la gêne qui les rend ingrats.

Je ne voulais rien entendre; j'avais deux grosses peines et une affreuse inquiétude:

Je quittais mes chevaux, pour lesquels j'avais une vraie passion; je n'avais plus d'état et mes craintes allaient me reprendre.

Je renfonçai mes larmes, et je pris une voiture pour aller chercher mes affaires.

Jusqu'au dernier moment, j'espérais qu'on allait me retenir; mais rien, pas même un adieu poli.

Quel parti prendre? me consoler de cette nouvelle déception.

C'est ce que je fis, en jurant de ne jamais rentrer à l'Hippodrome comme écuyère.

Pour m'étourdir, je me remis à courir le monde. J'allais tantôt chez Lise, tantôt chez Lagie.

Je rencontrai plusieurs fois un petit monsieur blond, le teint coloré, se donnant un genre militaire, jurant, buvant, spirituel, rageur, querelleur, rarement poli. Il se nommait Deligny.

Il me déplaisait si fort, que je n'entrais jamais sans demander s'il était là, afin de l'éviter.

Il s'aperçut de mon antipathie et cherchait tous les moyens de me rencontrer pour me taquiner.

Ainsi, quand il donnait un dîner, on m'invitait

en me cachant sa présence ; nous nous querellions toute la soirée.

Il se vantait de n'avoir jamais aimé, de traiter les femmes à la hussarde. On dit que l'amour se présente souvent en tenant la haine par la main. C'est ce qui arriva.

Il buvait moins devant moi, il devenait presque aimable ; on le plaisantait beaucoup, mais cela prenait assez de force pour dompter la raillerie.

Un jour, ma mère me dit :

— Tu devrais t'établir, j'aurais soin de ta maison ; cela te ferait une position ; je pourrais rester près de toi sans t'être à charge.

Cette idée me sourit : je donnai congé ; ma mère chercha une boutique et en trouva une, rue Geoffroy-Marie, n° 2.

Je louai un logement au n° 5, presque en face.

Pendant que nous nous occupions de nos préparatifs, je reçus une lettre de la Haye ; elle était du baron, que m'avait envoyé ma fausse sœur. Il avait cessé ses rapports d'amitié avec moi parce que son service auprès du roi l'avait rappelé en Hollande.

Il me disait dans cette lettre qu'il venait d'être très-malade, que mon image était toujours présente à sa mémoire, et que ma présence avancecerait plutôt sa guérison que tous les secours de la Faculté.

Six mois avant ou six mois plus tard, je l'aurais envoyé promener avec cette fantasque proposition.

Mais elle arrivait fort à propos ; j'avais grand besoin de distractions. L'idée d'un voyage me souriait.

Une promenade en pays étrangers me semblait une excellente préparation à la carrière commerciale, dans laquelle je me proposais d'entrer.

Je n'hésitai donc pas un instant.

J'annonçai à ma mère que je partais le soir pour Anvers, que de là je gagnerais la Haye, que j'emmenais ma domestique et que je serais de retour dans six jours au plus tard.

Ma mère me conduisit au chemin de fer et pleura à chaudes larmes en me voyant partir.

XVI

IMPRESSIONS DE VOYAGE.

Presque tous les hommes sont galants en voyage.

Pourtant, il y en a beaucoup qui, lorsqu'ils aperçoivent une femme dans une diligence, se sauvent en disant : « Allons dans une autre, nous ne pourrions pas fumer. »

Deux jeunes gens, sur le point d'entrer dans la voiture où je me trouvais, refermèrent la porte pour aller chercher ailleurs ; après avoir visité le convoi, ils revinrent, n'ayant pas trouvé d'autres places ; je vis sur leurs figures qu'ils me donnaient à tous les diables. J'aurais pu les rassurer, car je fumais des cigarettes et le cigare ne m'incommodait nullement.

Mais je pris plaisir à les taquiner.

L'un d'eux, oubliant ce contre-temps, en prit son parti et voulut se dédommager, s'il le pouvait, par une histoire galante.

Je répondis par des oui et des non bien secs. Il se rebuta et ne m'adressa plus la parole.

Si je n'étais pas très-bavarde, j'aimais au moins beaucoup à causer. Mes compagnons parlèrent bas, puis s'arrangèrent dans leur coin pour dormir.

Je n'avais pas sommeil, je voulais qu'ils me tinssent compagnie. J'avais réservé pour ce moment un moyen triomphant pour les dérider.

— Si vous voulez fumer, messieurs, leur dis-je, ne vous gênez pas, cela ne m'incommode pas, au contraire, j'aime l'odeur du tabac.

Ils fouillèrent en même temps dans leurs poches, et ne me dirent merci qu'après avoir cassé le petit bout de leurs cigares avec leurs dents.

Je suis sûre qu'à partir de ce moment ils me trouvèrent charmante, au travers du nuage de fumée dont ils m'enveloppaient.

Pour certaines personnes, fumer est un besoin plus impérieux que manger.

Je les avais rendus si heureux, qu'ils me comblèrent de politesses, d'attentions.

Ils poussèrent la complaisance jusqu'à m'apporter de l'eau sucrée et des gâteaux dans la voiture, dont je n'avais pas voulu descendre.

D'abord, ils étaient fort intrigués sur mon compte; puis, m'ayant reconnue pour m'avoir vue à l'Hippodrome, ils furent gais avec moins de retenue. De mon côté, je m'étais assurée que c'étaient des gens comme il faut, et qu'ils resteraient dans les limites convenables.

Ma bonne ronflait plus fort que la locomotive et ne fut pas la moindre cause de notre hilarité; elle tombait obstinément sur son voisin, qui entreprit de la caler avec sa canne et son manteau.

Elle dormait en équilibre avec des soubresauts impossibles à raconter... et nous de rire !

Il faisait un froid atroce.

Comme tous les gens qui n'ont jamais voyagé, j'étais partie corsée, ajustée, comme si j'allais à la noce; aussi, le matin, étais-je pâle, rompue de fatigue.

J'allai à l'hôtel de la Poste, à Bruxelles; je dormis pendant quelques heures, ce qui me remit tout-à-fait.

Après déjeuner, je fis un tour dans la ville.

C'est Paris, moins les monuments et les Parisiens.

Toutes ces rues qui montent et descendent m'ennuyaient ; d'ailleurs je n'avais pas le loisir de m'arrêter longtemps.

Je m'étais figuré que Bruxelles devait avoir un cachet particulier. Je rentrai désillusionnée, et je partis pour Anvers dans un mauvais chemin de fer qui nous secoua à nous bossuer le front les uns contre les autres. Heureusement que le chemin n'était pas long.

J'arrivai très-incommodée ; je demandai où se trouvaient les bateaux à vapeur faisant le service de la Haye ; je m'adressai à un grand homme joufflu qui me laissa répéter trois fois, puis finit par me faire signe qu'il ne comprenait pas. Je l'envoyai au diable en français. Il me fit un grand salut.

Un employé vint m'annoncer que les bateaux à vapeur ne marchaient pas, à cause des glaces ; qu'ils reprendraient peut-être leur service dans une quinzaine de jours.

L'autre m'avait mal disposée, j'eus envie de battre celui-là ; mais, comme je n'aurais pas été la plus forte et que je n'ai pas la témérité de Lola-Montès, je le pris par la douceur : je me donnai un air d'importance, et je dis que j'étais attendue pour des affaires qui n'admettaient aucun retard ; qu'il fallait à tout prix que je partisse.

— Dame ! il y a bien des voitures, mais vous serez très-mal.

— Qu'à cela ne tienne ; où sont-elles ?

Il m'indiqua l'hôtel du Cheval Blanc.

On me mit dans une chambre à deux lits avec ma buse de bonne, que j'étais obligée de servir. Après cela, je ne savais pas commander; elle pouvait bien ne pas savoir obéir.

Une grosse fille vint mettre une allumette au poêle.

Figurez-vous un feu de charbon de terre dans le milieu d'une chambre. Le tuyau du poêle était bouché ; je passai la journée la fenêtre ouverte, tantôt faisant un pas de polka pour me réchauffer, tantôt battant la semelle.

Il n'y avait pas d'autre chambre ; je ne pouvais aller ailleurs, à cause de la voiture.

Je demandai à manger : on m'apporta de la bière.

J'avais retenu deux places dans le coupé, les deux coins. Il nous vint pour troisième un monsieur, sans exagérer, gros comme une feuillette.

J'eus beau me faire petite, il m'écrasait ; je le portai à moitié pendant deux heures.

Au premier relais, je lui offris le coin, sous prétexte de causer avec ma bonne; cela ne nous desserra pas, et je commençai à regretter mon voyage.

On nous fit changer dix fois : nous quittions une voiture pour prendre un bachot que l'on faisait glisser entre des cassures de glace; nous reprenions un autre coucou, puis une autre barque; cela n'était pas sans danger et sans émotion.

Il fallait avoir bien affaire pour voyager ainsi entre la neige et le charriage des glaces; aussi, n'étions-nous que trois voyageurs.

Notre compagnon paraissait avoir trente ans; il était entortillé de fourrure, son cache-nez m'empêchait de voir une partie de sa figure. Ce que j'en voyais me paraissait empreint d'une grande tristesse; ses yeux me parurent rouges. Mais, comme d'un temps pareil tout le monde a le nez rouge, je pensais que cela lui avait gagné les paupières.

La barque dans laquelle nous étions entrés était une espèce de gros radeau à rebords pointus à l'avant et ferrré comme un patin.

Nous venions de prendre un nouveau voyageur; il avait une voiture faite absolument comme les fourgons qui conduisent ici l'argent de la Banque.

Il descendit du cabriolet de devant, aida à dételer les deux chevaux et fit placer cette voiture avec précaution sur le bachot. Il parlait hollandais avec les mariniers; nous avancions; on n'entendait que le craquement de la glace.

Je m'ennuyais; j'aurais bien voulu causer avec mon compagnon. Appuyé sur le devant de sa voiture, il était silencieux; il ne savait peut-être pas un mot de français : je le laissai tranquille.

Ma bonne s'appelait Joséphine ; elle était morte de peur et de froid; moi, je n'étais pas rassurée ; je me donnais des airs de bravoure pour me tromper moi-même.

— Allons, Joséphine, du courage ! On ne meurt qu'une fois. Cette voiture me fait l'effet d'une bière qu'on a mise là tout exprès ; les poissons ne vous mangeront pas.

— Ah ! madame, vous riez toujours; je suis bien fâchée d'être venue.

Le jeune homme dit en très-bon français :

— Mademoiselle a raison, c'est une bière ; mais elle n'est pas vide.

Je me sauvai de la voiture aussi loin que me le permit l'espace.

— Pas vide? lui dis-je; mais nous voyageons donc avec un mort?

— Mon père, mademoiselle, me dit-il, en ôtant sa casquette de voyage comme pour saluer ces restes qu'il pleurait encore. Ses yeux étaient pleins de larmes.

Je fus honteuse du peu de retenue que j'avais eue, de ma gaieté; j'avais envie de lui en faire mes excuses.

Mais aussi, croyant que personne ne me comprenait, j'avais dit mille sottises pour rassurer ma compagne; je n'osais plus bouger.

Je me mis à réfléchir : je ne comprenais pas pourquoi on faisait voyager les morts.

Je parlai bas à Joséphine.

Le jeune homme entendit ou devina; il vint à côté de moi et me dit :

— Cela arrive quelquefois. J'habite la Haye; mon père est mort à Paris; sa dernière volonté a été d'être enterré près des siens. J'ai obtenu la permission de le ramener dans son pays. N'ayez aucune crainte; il était le meilleur des hommes : il ne peut que nous porter bonheur.

En ce moment, j'entendis des paroles brutales; sans comprendre leur langue, je vis bien que nos mariniers juraient. Ils prirent des crocs de fer et travaillèrent à repousser d'énormes glaçons qui, se joignant, nous fermaient le chemin.

Le jeune homme était pressé d'arriver ; il avait payé quatre fois la valeur du passage ; on avait pris cette grande barque, quoique ce fût une imprudence.

La compagnie n'était pas gaie, la situation non plus. Je cachai ma tête dans mes mains et je fis à Dieu une fervente prière.

Quand j'eus fini, je vis beaucoup d'hommes sur un port où nous abordâmes avec force difficultés.

Une fois à terre, nous reprîmes une voiture qui était toute prête.

On mit deux chevaux à la voiture du jeune homme, qui marcha à la tête avec beaucoup de respect.

Nous traversâmes la ville, qui était, je crois, Rotterdam.

Je ne vis que des bornes, des chaînes et des grilles ; la campagne était inondée, et l'eau qui recouvrait les champs était gelée. Çà et là des enfants qui patinaient.

Quand nous fûmes à quelques lieues de la Haye, le paysage s'anima ; les prés étaient couverts de patineurs ; les femmes portaient sur leurs têtes des corbeilles rondes, tenaient leur tricot à la main, et glissaient comme les hirondelles qui rasent la terre, cela si facilement, sans quitter leur ouvrage, que je fus émerveillée tout le reste de la route.

On va se faire des visites d'une ville à l'autre, on se rencontre, on cause, puis on repart; c'est très-joli, je fus enchantée et je voulus essayer.

Nous fîmes halte dans une auberge; j'envoyai acheter des patins, et me voilà essayant. Au premier départ, je m'étendis tout de mon long; au second, ce fut la même chose. J'appris seulement qu'on ne tombait jamais en avant.

Je m'obstinai, la glace était dure; je fus forcée d'y renoncer. Quand il fallut me rasseoir en voiture, je regrettai bien de n'avoir pas cédé plus tôt.

Enfin nous arrivâmes; je fus à l'hôtel de l'Europe. J'avais demandé le plus beau de la ville et on me l'avait indiqué.

Il y a dans toutes les chambres un petit poêle qui faisait mon bonheur.

La Haye est une ville très-morose; on reçoit froidement les Françaises seules, quand elles n'ont pas soixante ans.

On me regardait, on hésitait; je voyais le moment où l'on allait refuser de me recevoir. Je dis :

— Donnez-moi ce que vous aurez, je ne suis pas difficile; je repars dans deux jours.

On me fit monter au premier, dans une chambre très-propre; une autre plus simple donnait dedans; chacune avait son petit poêle ciré comme une paire de bottes; je les fis rougir.

J'écrivis un mot à mon ami, qui allait mieux; il était de service et ne pouvait me voir qu'une minute le soir, encore fallait-il prendre beaucoup de précautions.

Il vint en tournant sur lui-même comme un homme poursuivi, me fit parler bas, me supplia de garder l'incognito.

L'idée de me faire passer pour une noble étrangère me sourit assez.

Le lendemain, je fus voir Skevening.

Arrivée au bord de la plage, je marchai dans un sable jaune et fin, le plus près possible de la mer. Mes pieds enfonçaient, il faisait du brouillard, nous étions seules; je me retroussai assez pour ne pas me salir.

Ayant des bottines bleues boutonnées un peu justes, j'avais mis des bas de soie; probablement que ce n'était pas la mode du pays.

Joséphine se mit à crier :

— Ah! mon Dieu, madame!

Je crus que quelque chose me montait aux jambes, je relevai un peu plus. Ne voyant rien à terre, je me retournai; je vis derrière moi peut-être deux cents hommes habillés tous de même : pantalon et veste jaunâtres, chapeau à larges bords, comme nos forts de la Halle. Beaucoup étaient baissés et regardaient... sans doute mes bas.

Je baissai ma robe; je n'osais plus bouger de place. J'avais entendu dire qu'on avait enlevé des femmes dans des bateaux, puis, qu'après leur avoir tout pris, on les avait jetées à la mer. Heureusement une Hollandaise apparut avec ses plaques d'or, cela m'enhardit.

Les hommes qui m'avaient fait tant de peur se rangèrent pour nous laisser passer. J'avais crains une fin tragique!

« S'ils veulent me prendre, m'étais-je dit, je m'élancerai dans la mer. »

Quelques-uns me saluèrent; je rentrai en riant encore de ma peur. C'étaient des pêcheurs d'huîtres.

Le lendemain, il faisait une belle journée de gelée; le soleil était pâle, mais il égayait.

On me conseilla d'aller voir le parc; je mis une robe de velours noir, un manteau pareil, un chapeau de velours épinglé blanc avec des roses dessous, un voile, plutôt pour empêcher mon nez de rougir que pour me cacher. Ce parc était superbe ; il y avait des cerfs, des chevreuils presque apprivoisés.

Je vis venir devant moi une grande dame blonde, les cheveux frisés à l'anglaise.

Quelques personnes marchaient à ses côtés ; les passants la saluaient avec beaucoup de respect ; elle rendait un sourire. Elle me regarda, parla à une dame près d'elle et continua sa route. J'entendais tout le monde dire :

— La reine !

Je ne pouvais me figurer que c'était cette dame que je venais de croiser.

Je vis mon baron déboucher d'une allée sur un superbe cheval gris ; j'allais lui demander si cette dame était bien la reine, mais quand il me vit, il tourna bride. Je crois que, sans les obstacles qu'il a dû rencontrer, il courrait encore.

Je rentrai dîner.

Le baron vint me voir une minute, et me dit qu'en effet, dans ma promenade du matin, j'étais tombée, sans le savoir, au milieu de toute la cour.

Je compris pourquoi il s'était sauvé ; il était chambellan.

Je ne crois pas commettre une indiscrétion, tout le monde est chambellan, dans ce pays-là.

Il m'envoya des places de spectacle; on jouait *le Comte Ory* et *Figaro*.

La salle est singulière : il n'y a pas de loge dans ce théâtre; une galerie séparée à plusieurs endroits pour les chambellans, les dames, le roi. Les personnes les plus considérables de la ville vont aux stalles d'orchestre. Je fis la moue, quand on me désigna mes places.

Mon chapeau blanc occupait beaucoup les jeunes gens placés au balcon : ils voulaient connaître la figure qui était sous ce chapeau; plusieurs vinrent à la porte de l'orchestre. J'étais entrée d'une façon majestueuse; je gardai un air digne.

Hélas! j'avais compté sans les embarras de ma célébrité. Dans l'entr'acte, deux curieux vinrent se placer presque en face de moi.

— Ah! ce n'est pas possible ! dit l'un; mais si, c'est elle, c'est Mogador!

— Allons donc! dit l'autre.

— J'en suis sûr, reprit le premier; je la connais, je l'ai assez vue à l'Hippodrome; tu vas voir.

Ils partirent tous deux, mais revinrent avec du renfort.

Il me prit une envie de loucher épouvantable.

— Vous vous serez trompé, disait un nouveau venu.

— Non, non, disait mon délateur, je la reconnais bien ; elle est un peu grêlée, c'est bien elle ; d'ailleurs, le baron peut nous mettre d'accord.

Heureusement le rideau se leva ; ils n'osèrent plus redescendre. J'avais été très-vexée ; maintenant j'avais une envie de rire qui m'étranglait.

Maître Basile entra à propos, je pus me livrer impunément à ma gaieté. Ils avaient fait une si drôle de figure, je les avais regardés avec un si grand air d'indignation quand ils m'avaient appliqué le nom de Mogador, que je n'osais plus tourner la tête et que j'étais à l'avance très-embarrassée de ma sortie.

La pièce n'était pas finie, que je quittais ma place. J'espérais ainsi gagner mon hôtel, je demeurais à la porte ; mais ils avaient quitté leurs places en même temps que moi, et ils étaient rangés dans le couloir.

Je vis le baron sur la porte ; il me tourna le dos en me faisant signe de monter dans une voiture qui se trouvait ouverte au perron ; un homme me poussa ; j'entendis parler au cocher sans comprendre ; nous partîmes à fond de train. Nous marchions depuis longtemps ; je commençais à m'inquiéter, car je devais être arrivée depuis une demi-heure.

Je voulus parler au cocher, il ne comprenait pas ; il redoubla de vitesse. Je voyais les arbres, la rivière.

Je compris que j'étais perdue : il m'entraînait dans un bois. J'étais bien mise ; il me croyait riche : il allait me voler et me tuer.

Je demandai pardon à ma domestique d'avoir ainsi exposé ses jours.

Je ne sais si c'est la course ou la peur qui me portait sur les nerfs, mais je me mis à pleurer. Ma bonne m'accompagna dans un autre ton ; c'était à fendre les oreilles.

La voiture s'arrêta, je reconnus l'hôtel.

— Le maladroit ! dis-je en descendant, il s'était perdu.

— Non, me dit le baron, qui m'attendait à la porte ; c'est moi qui lui ai commandé de faire un grand détour ; sans cela on vous aurait suivie. Je ne veux pas qu'on sache où vous demeurez. Bonsoir, à demain. Ne sortez pas, ne vous mettez pas à la fenêtre !

— Ah ! mais je suis donc en prison ici ?

— Ce que je vous dis est dans votre intérêt. Une de vos compatriotes, Mlle Hermance, sous prétexte qu'on s'occupait trop d'elle, vient d'être renvoyée en France.

— On n'est guère hospitalier dans ce pays ; je pars demain.

— Non, restez encore quelques jours. Les routes sont impraticables.

Restée seule, je ne trouvai qu'une distraction : rougir mon poêle, ouvrir la fenêtre pour ne pas griller, puis me coucher et dormir. Dormir ! était-ce possible ? ma bonne ronflait comme un roulement de tambours.

Je me levai de bonne heure, je cherchai à me distraire : ce fut en vain, et je gagnai quatre heures avec force bâillements. Je me détendais à me rompre les fibres, quand j'entendis plusieurs voix qui causaient en montant.

Je restai les bras en l'air ; on disait mon nom. Je crus que le baron me faisait une galanterie, qu'il m'amenait de ses amis. J'allai ouvrir ; je vis cinq jeunes gens, mais pas de baron. Je poussai vite ma porte. Il était trop tard ; ils m'avaient bien vue. J'écoutai, ils parlaient de moi. L'un disait :

— Je savais bien qu'elle devait loger ici.

Une porte à côté de la mienne s'ouvrit ; c'était un salon où ils venaient dîner. Ils frappèrent au mur, me chantèrent des chansons faites sur moi, ou qu'ils improvisèrent, enfin ils firent les diables !

Je ne bougeai pas, et je n'aurais répondu pour rien au monde ; pourtant cela m'amusait.

A huit heures, on frappa ; je refusai d'ouvrir, n'ayant pas reconnu la voix de mon ami. On me passa un mot sous la porte ; il était ainsi conçu

« Je n'ose aller vous voir. Votre hôtel est envahi. Sortez à dix heures ; je vous attendrai au coin de la place et du café Anglais. »

L'heure venue, je m'enveloppai comme un conspirateur et nous glissâmes le long des murs comme deux ombres. La ville, à cette heure, est calme, triste comme un cimetière.

Nous avancions avec peine, tant il y avait de verglas. Joséphine fit une glissade et s'étendit comme une masse ; heureusement qu'il n'y a pas que moi, sans cela on m'appellerait mauvais cœur ; je me mis à rire si fort que je fus obligée de m'appuyer au mur.

Une sentinelle se promenait silencieuse ; elle s'arrêta pour écouter et nous cria, sans doute : Qui vive ! Je ne savais que lui répondre, et puis il m'était impossible de m'empêcher de rire.

— Oh! madame, me dit Joséphine, ce n'est pas gentil de rire du mal des autres ; ça ne fait pas de bien de se prendre mesure comme ça sur le pavé.

Je n'osais plus faire un pas ; la sentinelle criait toujours ; j'avais répondu :

— *C'est nous!*

Il paraît que cela ne lui suffisait pas, et que si le baron, voyant mon retard, n'était pas venu quelques pas au-devant de nous et n'eût dit un mot au factionnaire, il aurait bien pu nous envoyer une balle.

— Ah! c'est vous! Tant mieux, nous ne pouvions plus avancer.

— Qu'est-ce donc qui vous faisait rire de si bon cœur?

— C'est Joséphine, qui ne voulait plus avancer sans être ferrée à glace.

— Il faut que vous changiez d'hôtel demain. On demande déjà qui est l'étrangère qu'on a vue à la promenade; et puis, on sait où vous êtes. Comme on est privé d'aussi charmantes femmes que vous, quand il en vient une, c'est une révolution; les jeunes gens font le diable.

— Mon cher, votre pays m'ennuie. Je ne changerai pas d'hôtel; je pars demain sans faute; ça me fera grand plaisir et ne vous fera pas de peine. Faites-moi retenir un coucou.

Il essaya bien encore de me retenir; mais ma résolution était prise et ma patience à bout.

Je repartis aussi péniblement que j'étais venue, et je vis le débarcadère de Paris avec une joie d'exilée.

XVII

LA MORT DE MARIE.

Ma mère avait trouvé tout préparé pour le déménagement; notre boutique était prête.

J'avais économisé un peu d'argent, mais cela ne suffisait pas. Je vendis mes bijoux, des cachemires; je payai toutes mes petites dettes, voulant rompre avec tous ces marchands qui s'accrochent à vous, et qui profitent de votre position, de votre désordre pour vous vendre six fois plus cher que la valeur des objets.

Je ne voulais pas devenir une vertu farouche, mais je voulais quitter cette servitude du plaisir des autres; je voulais ne rire que quand j'en aurais envie et pour mon plaisir à moi ; vivre avec économie, avec gêne, s'il le fallait, pour être heureuse du bien qui pourrait m'arriver.

Je me rappelais les dimanches de mon enfance, qui, sans avoir été trop heureux, étaient des fêtes. Je me rappelais la robe de ma première communion, que j'avais mise jusqu'à ce que la taille me vînt sous les bras, et que je trouvais admirable, parce que je n'en avais pas d'autre pour m'habiller.

Dans ce temps-là, je regardais le ciel quatre jours à l'avance pour savoir s'il pleuvrait. Ce n'est pas l'habitude des désœuvrés du grand monde.

L'abus des plaisirs use la vie, l'intelligence; on devient insensible à tout, et surtout aux choses simples.

La gaieté naïve, qui est la meilleure, vous est insupportable. Voyez plutôt. Qu'est-ce que c'est que le dimanche pour la plupart des gens riches ? Un jour d'ennui.

Ce jour-là, les badauds s'amusent ; il est de bon ton de ne pas faire comme eux.

On va à la campagne ; on cherche quelque endroit désert, moins par enthousiasme pour la nature que par dédain de la ville endimanchée et de la banlieue en goguettes.

Cependant, mes belles dames et mes beaux

messieurs, ces badauds, dont vous vous moquez, sont gais à peu de frais, et souvent leur gaieté vaut mieux que la vôtre.

Regardez ces promeneurs qui reviennent le dimanche soir ; ils ont fait quatre lieues dans la campagne pour ramasser une branche de groseillier, un bouquet de fleurs des champs.

Ils sont fatigués, poudreux, mais ils se sont amusés pour huit jours.

Je comparais ces plaisirs de mon enfance avec les plaisirs de cette belle jeunesse, dorée en Ruolz, au milieu de laquelle je venais de vivre, et je trouvais les premières bien préférables.

Que faisaient-ils, en effet, pour se distraire, tous ces jeunes gens, qui se croient originaux en mêlant l'anglomanie avec les traditions de la Régence ?

Les plus inventifs avaient monté de grands chevaux maigres ; ils s'étaient déguisés en domestiques ; ils avaient couru, soit au bois de Boulogne, soit au Champ-de-Mars ; ils étaient tombés deux ou trois fois ; ils avaient perdu de l'argent ; ils avaient dîné tous les jours au restaurant, joué une partie des nuits avec des maîtresses ; ils allaient au bal, à leur cercle, et, dans tout cela, ils n'avaient pas trouvé moyen de s'amuser de bon cœur pendant une heure.

Ne me parlez plus d'un monde où, pour avoir l'air comme il faut, il faut être maigre et jaune. On dirait que leur vie est une chose qu'on leur a donnée à tuer.

J'avais vu les deux genres de vivre ; l'existence des badauds me paraissait réellement plus amusante, et je faisais le projet de retourner à eux.

Ma boutique était très-jolie ; ma mère s'était installée à merveille, mais nous n'aurions pas pu faire cinquante francs de ce qui nous restait.

Ma mère prit de bonnes ouvrières, et l'ouverture du magasin de modes fut fixée au *vingt* du mois ; nous étions au *neuf*.

L'appartement que je m'étais loué était au second, sur la cour.

Je rangeai tous mes meubles avec délices. J'avais renvoyé Joséphine, qui ne dormait pas quand il s'agissait de me voler.

J'avais retenu une fille de Nantes, nommée Marie ; elle était petite, avait les yeux gris-chat, un nez gros et un air bête qui n'était pas trompeur. On m'en avait dit grand bien ; elle était bonne et honnête.

J'avais alors une jolie petite chienne blanche tachée de noir, que j'avais élevée ; elle était gaie, aimante ; j'y tenais beaucoup.

Je craignais de la perdre par la maladie, car elle toussait.

Une ouvrière me conseilla de lui donner une poudre affichée dans tout Paris comme préservant de la maladie ; je la priai de m'en apporter, et le lendemain je fis prendre à ma petite chienne la dose qu'on m'avait désignée. J'avais dit d'enfermer la chienne dans la cuisine. Au bout d'une heure, j'entendis des plaintes, comme celles d'un enfant.

J'étais accourue dans ma chambre ; je pensais que cela venait de chez quelque voisin.

Bientôt ce ne furent plus des plaintes, mais des cris, des gémissements lamentables.

On venait d'ouvrir la cuisine. J'entendis Marie défendre à la chienne de sortir ; la pauvre bête passa entre ses jambes et vint tomber à ma porte ; j'entendis geindre plus près, j'ouvris et je vis ma pauvre Blanchette couchée en travers. Une bave blanche lui sortait de la gueule ; ses yeux étaient ternes ; elle remua un peu sa queue en me voyant, voulut se lever pour venir près de moi ; à peine relevée, elle retombait ; elle tendit une dernière fois ses pattes et tomba morte à mes pieds, sa langue sur ma main.

Cela me fit une véritable peine. Peut-être est-ce

une honte de pleurer un chien, mais j'avoue que je fondis en larmes.

J'avais empoisonné cette pauvre bête avec une trop forte dose.

J'ai toujours été superstitieuse. La mort de ma chienne n'était pas seulement un chagrin ; cela me parut un mauvais présage. Mon logement ne me plaisait plus ; j'y étais toute triste.

Nous avions plusieurs ouvrières. Une venant à nous manquer, ma mère me pria d'aller chez une femme qui s'était présentée, et qui avait indiqué son adresse rue Coquenard.

Je mis un châle, un chapeau, un voile, et je partis par le faubourg Montmartre.

Je marchais lentement, quelque chose d'invisible semblait m'attirer en arrière ; je me retournais comme si je cherchais quelqu'un. J'eus envie deux fois de revenir ; enfin je touchais le coin de la rue. J'entendis un bruit sourd, plusieurs voix crier, et je vis tout le monde courir. J'avançai ; plusieurs personnes entouraient quelque chose à terre.

Je courus, j'écartai des deux mains ; on ramassait une femme. Je poussai un cri affreux ; je pris la main qu'elle me tendait, qui s'accrocha à la mienne ; ses cheveux blonds s'étaient dénoués et lui cachaient une partie de la figure ; je les écartai de la main gauche ; ses beaux yeux, jadis si brillants, se ternirent comme glacés sous mon haleine.

— Adieu! murmura-t-elle; et sa main me serra plus fort.

— Marie! criai-je en l'embrassant, Marie! reviens à toi... Mon Dieu! quel malheur! Elle n'est pas morte, n'est-ce pas? elle va revenir?...

Un monsieur âgé, qui lui touchait le front, me répondit en ôtant son chapeau :

— Tout est fini !

Je me sentis une déchirure au cœur qui fit passage à un torrent de larmes.

On la remonta dans sa chambre ; c'était une mansarde garnie; je suivais ce triste cortége. Elle n'avait laissé qu'une lettre et priait qu'on la remît à son adresse, sans l'ouvrir.

Je vis bien que c'était la misère qui l'avait poussée là.

On l'étendit sur son grabat; un médecin dit qu'elle s'était cassé la colonne vertébrale, rompu les liens du cœur, et que la mort avait dû être instantanée.

Ses yeux étaient restés ouverts; ses joues étaient creuses; elle était maigre.

Je connaissais celui à qui était adressée cette lettre, je me promis d'aller le voir; mais en attendant, je lui envoyai tout de suite la lettre par un commissionnaire.

Il y avait beaucoup de monde dans cette chambre. On me demanda si je connaissais les parents de cette pauvre morte. Je répondis que non.

On questionna la femme qui lui louait ; on demanda s'il y avait longtemps qu'elle demeurait chez elle ?

— Non, il y a à peu près deux mois. Je lui avais donné congé parce que c'est une fille inscrite à la police. J'ai une *demoiselle*, je ne pouvais pas la garder.

— Avait-elle des amis ? Venait-il du monde la voir ?

— Non, monsieur, elle n'a reçu personne depuis qu'elle est chez moi. Je crois qu'elle a toujours été malade.

On écrivit tous ces détails.

Je lui fis cadeau de sa dernière robe ; j'envoyai un drap, un bonnet ; je n'eus pas le courage d'assister à sa toilette. Je recommandai qu'on lui arrangeât bien les cheveux. Elle en avait si soin. Je me rappelle qu'un jour elle me disait :

— Pour rien au monde je ne voudrais mourir à l'hospice, *crainte* qu'on ne me coupe les cheveux.

Son amant, me disais-je, va la faire enterrer; je veux aller le trouver.

Je rentrai chez moi désespérée. Tout le monde fut consterné de cette nouvelle. Bien qu'on ne la connût pas, c'était une triste histoire.

Son amant demeurait rue Racine; je me fis conduire en voiture, car je n'avais pas la force de marcher. Il était quatre heures quand j'arrivai à la porte de son hôtel.

J'entrai chez le concierge; la première chose que je vis sur la table fut la lettre de Marie; il n'y était donc pas !

Je demandai si l'on savait où il était, qu'il fallait absolument que je lui parlasse.

Le portier ne parut guère disposé à l'aller chercher; mais sa femme, plus aimable, me dit qu'il était à l'estaminet à côté, que je n'avais qu'à le faire demander.

Je m'adressai à un garçon : on l'appela dans une salle de billard.

— Qu'on attende chez moi, dit-il, je finis une poule.

J'allai l'attendre chez son portier, après avoir recommandé au garçon de le prier de se presser, parce que j'avais une chose importante à lui communiquer.

— Il répondit qu'il ne se dérangerait pas pour un empire !

J'attendis plus d'une heure ; enfin, il arriva, débraillé, plein de blanc.

C'était un étudiant de quinzième année ; encore jeune, assez beau de sa personne, aussi mauvais sujet qu'il est possible de l'être.

— Ah ! c'est vous ! me dit-il ; pourquoi n'êtes-vous pas entrée ? Vous auriez pris l'absinthe avec nous. J'ai gagné la poule.

— Ne riez pas, mon ami, je vous apporte une triste nouvelle ; lisez cette lettre.

Et je lui montrai celle de Marie, restée sur la table.

— Encore ! dit-il. Si c'est pour ça que vous êtes venue, vous auriez pu rester chez vous. Ah ça ! je n'en serai donc jamais débarrassé ?...

Et il mettait les mains à son front comme un homme exaspéré.

— Je lui ai défendu de m'écrire ; je ne veux pas lire ses lettres.

Et il fit un mouvement pour la déchirer. Je lui arrêtai les mains.

— Lisez celle-là, lui dis-je, c'est la dernière que vous recevrez !

— Elle m'a dit ça cent fois. J'en ai dix en haut que je n'ai pas ouvertes...

— Vous avez eu tort ; vous auriez peut-être évité un grand malheur... Celle-là est bien la dernière... Elle est morte !

— Morte ! fit-il en me regardant.

— Oui, morte ! Elle s'est jetée par la fenêtre, et n'a laissé que cette lettre pour vous.

Il prit sa clef, demanda s'il y avait du feu chez lui et me pria de monter à sa chambre. Entré, il ôta sa casquette, jeta ses cheveux en arrière, décacheta sa lettre. Elle était de huit à dix pages. Il alluma une bougie et lut...

Il fit plusieurs mouvements de tête pendant la lecture, mais il ne versa pas une larme.

Pauvre Marie ! voilà l'homme qu'elle aimait depuis six ans, et pour lequel peut-être elle s'était tuée.

Enfin, il me dit : « C'est un malheur irréparable ; je n'y puis rien. C'est pourtant ce qui pouvait lui arriver de plus heureux. J'ai depuis un an, une autre maîtresse que j'aime beaucoup ; je m'en suis caché dans les premiers temps, mais Marie me suivait ; elle a tout découvert. Je n'avais rien à lui apprendre ; je résolus d'en finir une bonne fois ; je lui dis que je ne l'aimais plus, que je gardais l'autre, qu'elle me laissât tranquille. Alors, ce furent des larmes, des cris qui m'irritèrent. Je la pris en grippe. Un soir elle vint avec la résolution de me tuer... elle avait un couteau ! Je fis monter ma maîtresse, et j'enfermai Marie dans une chambre vide, à côté, pour que sa colère eût le temps de se passer. Comme elle faisait du tapage, j'allai passer la nuit hors de chez moi.

— Comment, vous n'avez pas eu peur de son désespoir?

— Non. On lui a ouvert quand j'ai été parti, en lui disant que, si elle venait encore faire du bruit dans la maison, on irait chercher la garde pour l'arrêter.

— C'est mal, ce que vous avez fait là ; vous n'avez pas de cœur.

— Si fait, j'ai du cœur, mais je ne pouvais pas la souffrir; j'aurais bien voulu vous y voir... Je ne connais pas de supplice pareil à celui d'avoir à côté de soi quelqu'un qui vous tourmente d'un amour qu'on ne partage pas... Un saint s'emporterait. Je n'ai qu'un regret, c'est de ne pas avoir eu pour elle ce que j'ai pour une autre; cela ne se commande pas. Si elle n'avait voulu que mon amitié, je la lui aurais gardée, car c'était une bonne fille. Je regrette aujourd'hui de l'avoir tant rudoyée; mais elle n'avait pas de cœur; j'avais beau lui en faire, elle revenait tout de même.

— Parce qu'elle vous adorait ; vous étiez sa

faiblesse... C'est dur à vous de lui reprocher d'avoir manqué de cœur. Est-ce que vous croyez qu'il n'en faut pas pour se tuer... à son âge ?

Il relut la lettre sans plus d'émotion que la première fois.

Je l'appelais en moi-même : cœur de pierre. Les filles de marbre n'avaient pas encore été inventées.

On frappa... Il avait retiré sa clef.

— Qui est là ? demanda-t-il.

— Moi ! dit une voix de femme.

Il posa sa lettre et fut ouvrir. Je vis entrer une petite brune, le nez en l'air.

— Tiens ! dit-elle en me regardant, vous recevez Mogador ? Fallait me faire dire de ne pas monter... Et elle fit mine de s'en aller.

Il s'empressa de la retenir.

Je compris alors que si la pauvre Marie avait passé sous les fourches de cette pécore, elle avait dû en voir de dures.

Je pris la lettre, pour que cette femme ne la vît pas.

La scène qui se passait entre eux me fit comprendre que celle-là se chargerait de venger Marie. Elle lui disait :

— C'est encore ta Marie qui t'envoie chercher ?.. Vas-y, mon cher, ça m'est bien égal ; ce n'est pas moi qui te cours après : je n'ai pas besoin de toi. Tu sais bien que je ne suis pas jalouse.

Tout cela me faisait mal ; je me levai pour céder ma place et je dis à cette demoiselle que Marie n'envoyait pas chercher son amant et qu'elle pouvait le garder sans partage ; que j'étais venue de moi-même le prier de la faire enterrer et de la conduire à sa dernière demeure.

— Tu vois ! lui dit-il, toujours en lui barrant le passage.

Je sortis sans qu'il m'eût dit : merci !

Je commençais à être de son avis. S'il était dans la destinée de Marie de ne pouvoir se détacher de cet homme, mourir était ce qui pouvait lui arriver de plus heureux.

J'avais, dans ma précipitation, emporté par mégarde la lettre de cette pauvre enfant. Je comptais la lui rendre le lendemain, car je ne doutais pas qu'il vînt chez moi. En voici quelques fragments :

« Lisez au moins cette lettre jusqu'à la fin ; ne riez pas, je vous ai dit cela bien souvent, c'est que j'espérais toujours que j'arriverais à votre cœur, que vous auriez pitié de moi.

» Mon crime est de vous avoir trop aimé, pardonnez-le-moi, je vais le payer bien cher. Je n'ai jamais eu de courage quand il s'est agi de renoncer à vous; vous devez me mépriser d'avoir supporté les affronts, les duretés que vous me faisiez; je revenais et je vous demandais pardon du mal que vous m'aviez fait... Je me tenais à vos pieds et vous demandais grâce de la vie, que je voulais quitter, si vous ne vouliez plus m'aimer... Vous me faisiez chasser! Je vous envoyais mon âme et mes larmes dans une lettre que vous brûliez sans y répondre, ou que votre maîtresse me renvoyait avec une insulte de sa main.

» Mon désespoir excitait son amour; car elle ne vous aime pas, elle en aime un autre... mais, c'est si bon de torturer un cœur, que, pour me faire souffrir, elle se partage entre l'autre et vous!

» Vous me regretterez, ne fût-ce que par amour pour elle; quand je ne serai plus, elle vous abandonnera; vous penserez peut-être à moi, vous relirez cette lettre que je vous supplie de conserver, et vous ferez, pour récompenser mon âme du mal que vous avez fait au cœur et au corps, ce que je vous conseillais.

» Quittez le quartier Latin, retournez en Bretagne, où votre mère vous attend encore... Je vous ai vu recevoir des lettres d'elle où elle se désolait de votre abandon; elle vous suppliait de revenir au pays; vous négligiez de lui répondre!...

» Voilà quinze ans que vous êtes à Paris ; cette vie de billard, d'estaminet, a gâté vos habitudes, flétri votre figure.

» Moi, je vous trouvais le plus beau du monde, parce que je vous aimais comme une insensée ; mais ce grand amour, vous ne le retrouverez peut-être jamais ; vous connaîtrez alors l'abandon.

» Partez ! il est temps encore ; plus tard, vous ne verriez peut-être plus que la tombe de votre mère, sainte femme ! qui n'a que vous.

» Oh ! si elle avait vu le fond de mon cœur, elle m'aurait aimée à cause de l'amour que j'avais pour vous. Si vous aviez voulu me garder près de vous, je me serais faite si petite que je ne vous aurais pas gêné ; si vous m'aviez tendu la main, il me semble qu'à force de dévouement je serais sortie blanche de l'abîme où j'étais tombée.

» Oh ! toute la force de la vie s'accroche à moi, au souvenir d'une espérance. Comme je t'ai aimé, comme je t'aime encore ! Tu as été la première et la dernière passion de ma vie ! Le Créateur m'avait faite indolente, j'aurais trouvé une énergie de fer, si tu m'avais dit : « Fais un miracle et je t'aimerai ! »

» Ma tête brûle... Allons, c'était impossible, il faut en finir. J'ai tout tenté ; je ne puis pourtant te quitter ; l'idée que tu liras cette lettre m'arrête. Depuis deux mois, je souffre mille morts ; si j'avais pu me traîner, je serais allée mourir près de toi, sur ton passage... je t'aurais vu une dernière fois. Je voudrais t'écrire jusqu'à mon dernier soupir...

» Si j'avais de l'argent pour me procurer du charbon, je te dirais si la mort fait autant souffrir que ton abandon; mais je n'ai rien, je n'ai que ma fenêtre ou la rivière; je ne puis aller jusqu'à elle. J'ai près de moi un couteau; je l'ai plusieurs fois approché de ma poitrine, mais j'ai peur de cette lame froide, éraillée...

» Comme je souffre! mon Dieu; si vous me pardonnez, faites-moi mourir de suite... Je me repens... je vous prie depuis deux jours... je vais vous oublier au moment suprême!...

» Mon ami, je vous pardonne!

» Tout-à-l'heure, sur le bord de cette fenêtre, je vais m'agenouiller, joindre les mains, et me penchant en avant, je dirai : « Mon Dieu, pardonnez-moi! mon Dieu, prenez-moi en pitié! faites-moi mourir!... »

» MARIE. »

Cette dernière prière avait été exaucée, car elle n'a poussé qu'un soupir et s'est éteinte!...

Rentrée chez moi, je cachai cette lettre et la manière dont j'avais été reçue.

Le lendemain, je ne sortis pas, attendant la

personne chez laquelle j'étais allée la veille; n'en ayant aucune nouvelle à quatre heures, je pensai qu'elle s'était rendue rue Coquenard. J'y fus: on n'avait vu personne!

Le corps de Marie avait été enlevé à deux heures; la charité, qui a tout prévu, avait fait passer sa voiture d'indigence; personne ne l'accompagna.

Mortes, toutes les créatures inspirent le respect; les passants la saluèrent jusqu'à sa dernière demeure.

On m'a dit que la lecture de Werther avait causé des suicides; je l'ai lu...

J'étais, à cette époque, trop heureuse ou trop ignorante pour le comprendre; cette lecture ne me donna pas même le spleen, mais le souvenir de Marie produisit sur mon imagination un effet incroyable.

Ce souvenir me faisait songer au repos qui ne finit point, au repos de la mort.

Toutes les nuits, je la voyais en rêve; elle me parlait et toujours elle me disait la même chose.

XVIII

UN ACTE DE DÉSESPOIR.

Nous avions commencé, ma mère et moi, notre grande opération commerciale.

Le magasin était ouvert. Nous ne manquions pas de pratiques. Toutes les femmes que j'avais connues venaient chez moi faire leurs emplettes.

Cependant, nous n'étions pas sur le chemin de la fortune, par la raison toute simple que ces femmes m'achetaient à crédit. Je n'osais pas refuser.

Ma mère me fit comprendre que nous ne pouvions pas faire nos affaires comme cela ; et elle sechargea de refuser de nouveaux comptes.

Je ne sais qui m'en voulait, mais je devais avoir

quelque ennemie cachée, car on me fit un tour infâme...

Mon appartement donnait entre deux cours; en entrant, il y avait une antichambre; à gauche, un salon et une chambre à coucher; en face, un cabinet où couchait la domestique; dans le coin à droite, la porte d'un couloir faisant le coude et conduisant à la cuisine, dont la croisée faisait face à celle du cabinet.

Un matin, vers les huit ou neuf heures, on sonna... J'avais un grand mal de tête, je n'étais pas levée; je dis à Marie qui allait ouvrir :

— Je ne veux voir personne; que l'on descende au magasin.

Elle ouvrit et j'entendis de mon lit demander :

— Mademoiselle Céleste!

— Elle n'y est pas; si vous voulez voir sa mère, elle est au magasin...

— Non, dit la voix, c'est elle que je veux emmener. Voilà assez longtemps qu'elle me fait courir; je sais qu'elle est ici, qu'elle se cache. Il y a une plainte lancée contre elle; j'ai ordre de l'emmener n'importe où je la trouverai.

Mon mal de tête disparut. J'étais assise sur mon lit, sans respirer, pour entendre la réponse de Marie; je regardais à droite, à gauche, où je pournais me sauver si elle disait que j'étais là ; je ne vis que la fenêtre !

— Je ne sais pas ce que vous voulez dire, répondit cette fille dont la voix tremblait; si madame était là, je vous l'aurais dit.

— Eh bien ! dites-lui que si elle ne se rend pas à la Préfecture demain avant midi, je la fais emmener par la garde !

La porte se referma.

Je cachai ma figure dans mes mains ; j'avais honte devant cette fille qui rentrait.

— Oh ! madame, qu'est-ce qu'il vous veut donc, cet homme-là ? Comme il m'a fait peur !

En effet, elle était toute pâle.

— Je ne sais, lui dis-je ; il se trompe. Si j'avais été habillée, je serais sortie ; mais il reviendra, vous le ferez entrer. Ne parlez de cela à personne ; on ferait des conjectures.

Elle me promit de se taire. Je lui donnai une commission pour m'en débarrasser ; j'avais besoin d'être seule.

Je me serrai la tête dans mes mains. Qu'allais-je devenir ?

Je ne pouvais me sauver ; j'avais mis le peu que je possédais dans cette boutique. Tout abandonner... je retombais dans la plus affreuse des misères.

Je ne pouvais plus descendre sans risquer d'être arrêtée, peut-être condamnée à un mois, pour avoir manqué aux sommations qui m'avaient été faites.

Que dire dans le quartier ? Tout le monde saura cette histoire; je n'oserai plus reparaître. D'ici à demain, je ne puis rien pour éviter cela.

Je pensai à Marie. Demain, c'est dimanche; on ne peut pas m'arrêter demain, les bureaux sont fermés. Ma bonne sortira toute la journée, ma mère n'ouvrira pas la boutique... je serai seule, toute seule ; oui, c'est ça, je suis sauvée.

Je fis prendre du papier ; je passai ma soirée à écrire. A onze heures, ma mère vint me dire bonsoir.

— Tiens ! je te croyais endormie. Tu écris à des fournisseurs.

— Oui.

Il ne me vint pas à l'idée de l'embrasser.

Je savais qu'elle revoyait Vincent ; elle se cachait de moi, mais on me l'avait dit.

La première demoiselle m'avait fait un portrait que j'avais trop bien reconnu.

Comme ma mère lui avait défendu de me dire qu'elle recevait un monsieur, elle n'avait rien eu de plus pressé que de monter dans ma chambre et de me prévenir.

Elle me raconta même que souvent, quand je descendais, M. Vincent sortait par une porte de derrière qui donnait rue de la Boule-Rouge.

Cela m'avait fait une peine que je ne puis rendre et j'avais retrouvé au fond de mon cœur toutes mes colères contre lui, toute mon indifférence pour elle.

Une fois seule, je mis tout en ordre, je cachetai quelques lettres à mes amis et je me couchai presque heureuse du parti que j'avais pris.

Je me levai de grand matin. Vers dix heures, il tombait une espèce de pluie qui ressemblait à du brouillard tant elle était fine. J'appelai Marie.

— Allons, lui dis-je, habillez-vous et allez vous promener; c'est votre jour de sortie.

— Oh! me dit-elle, il fait trop vilain temps. Je n'ai que ma payse à voir, j'irai chez elle la semaine prochaine.

Cela ne faisait pas mon compte, car j'avais dit à ma mère que je dînais dehors, que ma domestique sortait, et je l'avais engagée à aller elle-même passer la journée chez des amis.

Elle ne s'était pas fait prier; M. Vincent l'attendait chez sa mère.

Cela ne me suffisait pas; il fallait absolument que Marie sortît. Je mis un morceau de papier blanc sous enveloppe, avec un nom supposé sur l'enveloppe.

— J'ai besoin que vous portiez cela avenue de Saint-Cloud, dis-je à Marie.

Je savais que sa payse était aux Champs-Élysées ; elle profiterait de l'occasion pour aller la voir, et elle y resterait assez de temps pour que je pusse mettre mon projet à exécution.

Je lui donnai donc ma commission, avec ordre de partir de suite. Je la rappelai dans l'escalier pour lui dire que je sortais et qu'elle pouvait rester chez ses amis jusqu'à onze heures.

Ma porte fermée, j'étais seule, libre ; j'en sentis une vraie joie.

J'entrai dans la chambre de Marie ; j'enlevai toutes ses affaires, que je plaçai dans la mienne ; je mis des draps blancs dans son petit lit de fer. J'allai à la cuisine ; je regardai sous le fourneau : il n'y avait que quelques morceaux de charbon. Je vis avec attendrissement le panier de ma petite chienne... je pensai que la maison ne m'avait pas porté bonheur.

On portait, à cette époque, de grandes pelisses, comme cette année ; j'en avais une en soie noire, je la mis ; je descendis, tremblant de rencontrer quelqu'un qui pût apporter une minute de retard à mon projet.

Le pavé était glissant, le ciel sombre; les boutiques étaient fermées en partie. Je fus un moment inquiète, mais je respirai quand je vis celle du faïencier ouverte. J'achetai deux fourneaux en terre, que je montai chez moi, les cachant comme si j'emportais un trésor. Je retournai à la provision du charbon; j'allumai les deux fourneaux dans la chambre de Marie; je m'y enfermai, calfeutrant les fenêtres et les plus petites ouvertures; j'entendais le craquement du charbon qui s'allumait et qui semblait me dire :

« Hâte-toi, fais ta prière ! »

J'avais bouché jusqu'au trou de la serrure.

Je m'assis sur le lit; je demandai pardon à Dieu et à tous ceux à qui j'avais pu faire de la peine, et j'attendis, calme, comme si j'étais sûre de la miséricorde divine... Je me couchai.

Le brasier était derrière ma tête; je ne le regardai pas, mais je voyais s'élever au-dessus de moi un rayon diaphane qui se baissait, attiré par mon haleine : c'était la mort. Je respirais à pleins poumons; je ne souffrais pas encore.

« Oh ! me disais-je, si je n'allais pas mourir, demain je serais arrêtée ! »

Je n'avais peut-être pas mis assez de charbon.

Je me levai : je sentis mon corps se balancer malgré moi; je m'appuyai au lit avec un sentiment de joie; je me mis à genoux pour remettre du charbon : la flamme bleuâtre m'attira ; je restai en extase, les yeux fixés, la bouche ouverte. Je me sentis vaciller comme le battant d'une cloche ; j'eus peur de tomber la tête dans le feu : je me traînai en arrière...

A ce mouvement, un cercle de fer m'entoura le front ; le feu semblait être dans ma poitrine... Je portai les mains sur ces deux douleurs pour en apaiser les déchirements. Ma vue se troubla. Je voulais crier : ma langue, ma gorge étaient enflées. Je me levai à force d'efforts, les deux mains appuyées sur une table ; je me regardai dans un petit miroir.

Horreur! ma tête était enflée, les veines de mon front gonflées, les artères de mon cou nouées comme des cordes, mes lèvres bleues, mes cheveux hérissés !...

Alors commença une lutte épouvantable : la mort me fit peur. Je voulais appeler au secours, la voix me manqua ; je voulais me sauver, les forces s'y refusèrent...

Je me traînais à terre ; je n'y voyais plus... Enfin, je sentis la porte, je me redressai, pour retomber comme une masse ; j'avais souffert tout ce qu'il y a à souffrir pour mourir...

Rien ne peut peindre cette agonie ; elle est

surtout affreuse pour les personnes nerveuses, qui se débattent toujours à la fin et cherchent à se sauver.

Quand je revins à moi, j'étais sur mon lit; ma chambre était pleine de monde; deux hommes me frottaient les bras, deux autres les jambes, cela si fort que je croyais être brûlée. Je regardais, les yeux à moitié ouverts. Les douleurs que j'avais dans la tête me firent croire que j'étais folle et que tout ce que je voyais n'était que des ombres; la souffrance était trop grande pour que je pusse douter longtemps.

— Elle est sauvée, disait le coiffeur, dont la boutique était voisine de notre maison, et qui, un des premiers, m'avait porté secours.

— Sauvée! de quoi donc? demandai-je.

Ma mère était près de mon lit.

Tout me revint à la mémoire, jusqu'aux menaces de la police...

Je me mis à pleurer, à me débattre; je voulais recommencer; je reprochais à tout le monde d'être venu me secourir.

Les deux médecins déclarèrent que j'avais le délire, et qu'il ne fallait pas me perdre de vue une minute.

Ma mère crut remarquer que sa présence m'irritait ; elle me laissa : Vincent sans doute l'attendait. Ce fut Marie qui me veilla.

— Comment donc m'a-t-on sauvée ? lui demandai-je, étonnée d'être vivante, après avoir tant souffert.

— Ah ! sans moi, madame, vous étiez bien perdue. Vous m'aviez donné une commission ; il faisait si vilain temps que j'ai pris l'omnibus pour aller et revenir. Je n'ai pas trouvé la personne chez qui vous m'envoyiez ; je suis revenue pour vous le dire. Je ne vous ai pas vue dans votre chambre, je vous ai cru sortie ; j'ai été dans la cuisine et j'ai vu dans ma chambre tant de fumée que je craignais qu'il n'y eût le feu. J'avais voulu entrer ; quelque chose tenait la porte fermée : c'était vous qui étiez tombée derrière. Je n'osais pousser : votre figure était juste sur l'ouverture. Je vous ai crue morte ; j'ai appelé au secours. On vous a mise sur votre lit ; vous êtes restée trois heures sans donner signe de vie. Le feu avait pris dans le cabinet ; le parquet en était tout brûlé.

Le médecin a dit que vous étiez tombée la tête en face la rainure de la porte, que cela vous a donné un fil d'air pur, que sans cela tout était fini.

— Et je serais bien heureuse !...

— Oh! madame, ne dites pas des choses comme cela.

— Ma pauvre Marie, c'est que vous ne savez pas... Cet homme qui est venu l'autre jour, il reviendra, et alors...

— Ne vous tourmentez pas, madame; s'il revient, je lui dirai de m'arrêter, moi, s'il faut qu'il emmène quelqu'un ; et puis on ne laissera monter personne. S'il vous voyait comme cela, il n'aurait pas le cœur de vous faire de la peine. Allons, madame, guérissez-vous bien vite, et n'ayez plus jamais de vilaines idées comme ça. Il n'y a pas longtemps que je suis chez vous, mais je vous aime beaucoup.

En effet, elle me surveillait jour et nuit.

Je priai tous ceux qui m'entouraient de taire cette aventure. Quand on tente pareille chose, il ne faut pas se manquer, sous peine de ridicule.

Je me remis bien lentement : cependant je descendis au magasin au bout de quelques jours, malgré de grands maux de tête, des vomissements et une toux d'irritation qui me déchirait la poitrine.

XIX

LE RETOUR DE LISE.

Tout allait pour moi de mal en pis! Les femmes à qui on avait refusé du crédit ne venaient plus.

Le terme arrivait; il n'y avait pas le premier sou de côté. Les marchandises étaient vendues; il fallait les payer.

On allait me poursuivre, me saisir. Je devenais folle; je pleurais tous les jours de ne pas m'être tuée.

Si cette bonne qui veillait sur moi avec la fidélité d'un chien caniche, n'avait pas fait si bonne garde, j'aurais recommencé; j'étais découragée, malade; je me laissais aller, espérant une fin.

J'étais allée quelquefois chez Lise; elle était en Italie.

La seule affection qui tenait un peu compagnie à mon désespoir, c'était celle de Deligny.

Au moment de mon départ pour la Hollande, mes relations étaient encore très-aigres-douces. Ce départ avait été un motif pour rompre avec Deligny et avec cette société dont il était un des plus tapageurs.

J'ai déjà dit, je crois, qu'il se donnait des airs militaires, qu'il était querelleur, se moquait de toutes les femmes.

Il avait un ami, nommé Médème, pâle, blond, grand, mince, qui suivait ses exemples. C'était à qui boirait le plus, aurait le plus de querelles, changerait le plus de maîtresses...

Avec un pareil caractère, il ne devait pas avoir gardé de moi un souvenir bien vif et bien durable. Je m'attendais à ne jamais le revoir. Je fus donc bien surprise quand je reçus sa visite.

J'étais dans une telle disposition d'esprit qu'il aurait fallu quelque chose d'extraordinaire pour me réconcilier avec l'idée de vivre.

Deligny n'aurait pas pu accomplir ce miracle. Mais il avait de l'esprit, il était amusant, et ma vie était si triste, si isolée, que je l'accueillis avec plaisir, trouvant dans ses visites une distraction à mes inquiétudes...

Notre première entrevue fut courte ; nous discutâmes sur l'un, sur l'autre.

Il m'avait cédé sur tout ; c'était presque une victoire sur une nature aussi volontaire.

Nous passâmes quelques soirées ensemble ; je l'empêchais de se griser, de jurer. Ses amis l'excitaient ; moi, je le priais d'abord, je défendais ensuite. Il obéissait en grommelant, mais il obéissait ; cela devint une lutte dans laquelle je finis par trouver quelque plaisir à triompher.

Il avait bon cœur, mais la tête la plus extravagante du monde. Il était de M...

Son père avait une assez grande fortune... quinze ou vingt mille livres de rente ; mais il avait quatre enfants et ne pouvait donner à son fils qu'une pension modeste, que sa vie de restaurant absorbait et au-delà.

Il fit tout son possible pour me venir en aide ; il se gênait beaucoup et ne m'avançait pas à grand'chose ; mais je lui en fus bien reconnaissante. J'aurais pu abuser de lui : il aurait signé des lettres de change, des billets à qui j'aurais voulu ; car il en était venu au point de m'aimer à la folie. Je ne me suis servie de mon influence que pour lui faire quitter cette vie et cette société de gens qui, plus riches que lui, le perdaient.

Il était bon peintre ; je l'engageai à travailler, à vivre avec des artistes. Il loua un atelier avenue Frochot. J'ai souvent entendu dire à Th. Rousseau, qui lui donnait des conseils, que, s'il voulait travailler, il aurait du talent.

Un jour, je vis une femme arrêtée en face de mes carreaux ; cela arrivait toute la journée et ne m'étonnait nullement, pourtant je poussai un : Ah!... qui me fit questionner.

— Tu la connais ? dit ma mère.

— Oui, répondis-je en me levant.

J'ouvris la porte pour mieux la voir ; elle passa devant moi sans me regarder, traversa la rue et entra au n° 7, vis-à-vis. Peu de temps après, la fenêtre de l'entre-sol s'ouvrit, et je la vis à la croisée, à côté d'une grosse femme appelée Fond.

Cette Fond était une de ces anciennes beautés qui, après avoir gâché leur existence sans penser à l'avenir, vendent la jeunesse et la beauté des autres, en se faisant leur part si large que celles qui tombent dans leurs serres n'ont, quand elles les lâchent, que l'hôpital ou la rivière en perspective !

Cette femme cachait son odieux commerce sous le nom de : Table d'hôte.

J'allais rentrer, me disant toujours : « Où donc ai-je vu cette figure-là ? » quand une bonne vint me dire :

— Voulez-vous avoir la bonté de monter deux ou trois bonnets, là, au premier ?

J'avais envie d'y envoyer ma mère ; mais la curiosité l'emporta, j'y fus moi-même.

C'était, je crois, aussi un motif de curiosité qui me valait cette commande.

On me fit entrer dans un petit salon rouge, très-simple. La petite dame vint à moi en ôtant son chapeau.

— Avez-vous monté le rose ; il me plaisait assez ? me dit-elle avec un accent gascon.

Quand elle fut décoiffée, je la reconnus de suite.

C'était la jolie Bordelaise que Denise m'avait montrée à la correction, celle qu'un homme avait épousée pour la vendre.

Je la regardais sans défaire mes bonnets. Étrange puissance des souvenirs ! elle me semblait une ancienne connaissance ; pourtant elle ne m'avait jamais vue.

J'avais envie de lui faire une foule de questions. Nous n'étions pas seules ; je lui montrai ce qu'elle m'avait demandé, en la priant, s'il lui fallait autre chose, de venir me voir.

Elle me le promit et tint parole. Le lendemain, elle vint me commander un chapeau.

Elle n'était pas Bordelaise pour rien ; elle me raconta toutes ses affaires.

On l'appelait à Paris : *la Belle Pâtissière* ; j'en avais entendu parler. Un monsieur l'avait enlevée ; son mari, qui n'y trouvait plus son compte l'avait fait arrêter ; elle l'avait dénoncé et allait se séparer de lui pour venir demeurer en face, chez Mme Fond, qui louait en garni. Elle me parut excellente fille, d'un esprit faible, d'une franchise extrême ; j'avais envie de lui dire qu'elle tombait de mal en pis chez cette femme. Peut-être le savait-elle ; je me tus.

Elle ne passait plus une fois sans entrer ; elle avait la plus jolie figure qu'il fût possible de voir.

Elle était emménagée en face ; deux ou trois fois elle m'avait invitée à sa table d'hôte, cela me souriait peu ; enfin, pour ne pas la contrarier, j'acceptai, un soir, et je ne le regrettai pas.

C'est une drôle d'étude à faire, que celle de ces prétendues tables d'hôte.

Après le dîner, on fait une partie ; les abonnés arrivent.

Ce sont des êtres impénétrables, on sait rarement leurs noms ; ils ont été baptisés par la maîtresse de maison : l'un s'appelle le *Major*, on ne sait pas pourquoi ; l'autre le *Commandant* ; tous tâchent de s'arracher quelques pièces de cent sous.

Les femmes empruntent les plus petites sommes, jusqu'à cinquante centimes.

La vieille maîtresse de la maison appelle tout le monde *mon chéri* ; elle prélève un droit sur les cartes ; quoi qu'il arrive, elle fait toujours de bonnes affaires. Pourtant, ces femmes n'ont généralement rien.

Telle qui aurait dû être fort riche est misérable.

Pourquoi ? Elle achetait des amours qu'elle ne pouvait plus inspirer ; elle avait beau se faire teindre les cheveux, se mettre de fausses dents, on exigeait beaucoup d'elle. Si un nouveau venu tombe au milieu de ce monde, la maîtresse de la maison lui fait mille amitiés ; elle l'engage d'abord à jouer petit jeu. L'étranger s'étonne de tant de politesse et de réserve.

On lui a donné, pour trois francs, un dîner qui vaut dix francs par tête. Il admire ce miracle d'ordre ou de générosité. Mais on apporte du champagne ; les têtes s'exaltent, la gaieté pétille.

Le pauvre étranger perd tout ce qu'il a sur lui,

quelquefois plus, et il reconnaît, trop tard, qu'il a été dupe.

Autour du principal personnage féminin voltigent d'autres femmes, quelques-unes jeunes et jolies.

Elles servent à la maîtresse, soit en lui amenant du monde, soit en amorçant les joueurs.

Pauvres comparses, qui font de petits profits ; elles sont joueuses, et quand elles n'ont plus d'argent, elles donnent, comme fiche, la clef de leur chambre.

Je fis remarquer à ma nouvelle connaissance, qui s'appelait Marie, qu'elle était là dans une bien triste et bien dangereuse société.

— Je le sais bien, me dit-elle ; mais que pourrais-je faire? On a éloigné mon mari ; mais il peut revenir d'un moment à l'autre, et je ne sais où aller.

Elle ne s'était pas trompée... A quelques jours de là, son mari vint la trouver et s'imposa à elle. Il l'avait rouée de coups. Elle vint me conter ses peines.

— N'avez-vous donc pas d'amis, de parents chez qui vous pourriez vous retirer ?

— Non, me dit-elle en pleurant, je suis bien malheureuse ; voilà six ans que je mène cette vie ; la plus pauvre des femmes est plus heureuse que moi. Quelle vie de misère ! Si je pouvais rentrer chez mes parents, je partirais à l'instant même.

Je lui demandai si elle leur avait écrit.

— Non, je n'ai pas osé.

Je l'engageai à le faire, pour ne partir qu'à coup sûr.

Cette femme avait eu son jour d'éclat;

Elle avait été à son tour l'objet de l'envie des femmes et de l'admiration passionnée des hommes.

On la voyait tous les soirs dans une boutique, au coin de l'Opéra-Comique. Les passants pouvaient la croire heureuse ; elle était couverte de bijoux, de dentelles et de soie : voilà ce qui égare tant de pauvres têtes.

Personne ne pourra donc leur montrer la réalité de cette vie : Honte et misère ! On devrait écrire cela sur tout ce qu'on nous donne, pour que personne ne pût s'y méprendre.

Un matin, elle vint me conter qu'elle avait trouvé le moyen de se faire un peu d'argent pour retourner dans son pays; que son frère l'attendait. Son moyen était de donner un bal par souscription, aux Provençaux, à vingt francs le billet ; elle me pria de m'en occuper et me fit presque promettre d'y aller.

J'en parlai à Deligny, qui en plaça quelques-uns près de ses amis, Médème et autres.

Un jour, un domestique galonné sur toutes les coutures regarda ma porte, puis entra.

— Est-ce ici que demeure Mlle Céleste?

— Oui, monsieur.

Il sortit, fit signe à une voiture, qui avança jusque devant notre maison.

C'était un joli coupé à deux chevaux.

Il ouvrit la portière. Une dame d'une grande élégance descendit doucement, s'appuyant sur lui; elle avait un voile si épais que je ne vis pas ses traits; elle fit signe au valet de pied de l'attendre dehors, souleva son voile d'une main et me tendit l'autre.

— Lise! dis-je en me reculant, tant elle était pâle.

— Eh bien! tu ne m'embrasses pas? tu me trouves changée?...

— Oui, lui dis-je, un peu remise; je suis saisie de te voir, tu es si belle; et puis, je ne t'attendais pas...

— Oh! si c'est ça, tant mieux! Vois-tu, c'est que tout le monde me croit malade, je me figure être beaucoup changée.

Je la fis asseoir près de moi; elle pouvait à peine se tenir.

— Voyons, lui dis-je, raconte-moi tout ce que tu as fait. D'où viens-tu ?

— J'arrive de Nice ; j'avais attrapé un rhume... Ernest est si bon qu'il a pris cela au sérieux, il m'aime tant !

— Ernest, c'est toujours ce vieux comte tout ridé, avec qui j'ai dîné une fois rue Saint-Georges ?

— Oui, je sais que tu ne l'aimes pas ; écoute ce qu'il a fait pour moi. Son médecin, pour faire des visites, lui a mis en tête que j'étais malade ; il a pu se tromper. Ernest ne me permettait pas de sortir ; je m'ennuyais, je ne voulais pas lui déplaire, j'étais triste, voilà ce qu'il a pris pour une maladie.

Elle toussa et reprit :

— Il commanda une voiture de voyage, et m'emmena en me faisant passer pour sa femme. Jamais on n'a été si bon, si prévenant ; c'est un amour comme on n'en voit pas. Je ne suis pas inquiète de l'avenir : tant qu'il vivra, je ne manquerai de rien. Il m'a défendu de te voir, mais il est en voyage pour quelques jours, je puis bien lui désobéir pour toi.

Elle était pâle en entrant ; en causant, il lui était venu des couleurs, ses yeux brillaient.

Je trouvai que je m'étais effrayée à tort, pourtant elle avait quelque chose de changé que je ne comprenais pas.

— Ah! me dit-elle en riant, je sais bien ce que tu regardes; je me suis fait arracher toutes les dents du haut, vois comme on m'en a remis de jolies.

Je fis une grimace en pensant à ce qu'elle avait dû souffrir.

— J'ai, me dit-elle, adopté une petite fille des Enfants Trouvés dans mon voyage, cela me fera une société.

— Comment! lui dis-je, mais tu n'as pas de fortune à toi; je croyais qu'il fallait justifier d'une certaine position.

— Aussi, n'est-ce pas à moi qu'on l'a donnée, mais à Ernest, qui s'est engagé à lui faire une rente, quand même il la renverrait à la crèche.

C'était une singulière fantaisie qu'elle avait eue là, mais elle était si fantasque que rien ne m'étonnait d'elle.

La *Belle Pâtissière* entra à ce moment pour me recommander ses billets de bal.

Lise lui en prit deux, faisant sonner beaucoup d'or dans une jolie petite bourse en filet. Elle avait des diamants aux oreilles, aux doigts. « Allons, me dis-je, elle est vraiment heureuse, tant mieux! »

Je lui demandai ce qu'elle allait faire de ces billets, car je ne pensais pas qu'elle y allât.

— Ce que je vais en faire ? mais y aller avec Eulalie et toi, si tu veux.

— Eulalie est donc toujours chez toi ?

— Oui, je l'ai emmenée partout.

— Et Camille ?

— Il est toujours le même.

— Adieu ; je viendrai te prendre samedi.

Elle remonta en voiture. Le samedi, on me fit dire qu'une dame m'attendait en bas, qu'elle ne pouvait pas monter.

Quand nous arrivâmes aux Frères-Provençaux, tout le monde fit un : Oh !... général.

Je la regardai aux lumières ; elle était livide, elle se serrait à moi pour ne pas tomber ; je la fis asseoir.

— Vois-tu, il y a longtemps qu'on ne m'a vue, on est étonné.

C'est effrayé qu'on était ; on passait devant elle en chuchotant.

Elle avait un domino rose tout garni d'angleterre, une coiffure noire avec des roses.

Elle me demanda plusieurs fois :

— Entends-tu ce que l'on dit ?

— Non, lui dis-je ; sans doute, on remarque que tu es bien mise.

— Ou que je suis affreuse !

— Puis, se regardant dans la glace, derrière elle, elle soupira.

— Tu souffres, lui dis-je, pourquoi es-tu venue?

— Allons donc, me dit-elle, sois franche, dis-moi que je ne suis plus que l'ombre de moi-même; que cette fatigue, cet engourdissement, c'est la mort !

— Es-tu folle, ma pauvre Lise? on peut être souffrante sans mourir; ça tient joliment, la vie, va !

— Ah ! tu crois? c'est que j'ai peur de la mort.

Et ses yeux brillaient en voyant tourbillonner les danseurs ; elle les suivait avec son âme ; elle semblait respirer la vie des autres. On jouait une valse, elle se leva entraînée et me dit :

— Je veux valser.

Je n'osai la contrarier et priai Médème de l'inviter ; je lui recommandai de la soutenir, car je voyais bien qu'elle ne ferait pas deux tours.

— Oh ! je ne peux pas, dit-elle en s'appuyant au mur.

Après une toux sèche, le sang lui sortit à flots de la bouche.

— Comment l'avez-vous laissée venir ? me dit Deligny ; elle est perdue !

— Je ne savais pas qu'elle fût dans cet état; et

puis, si je ne l'avais pas accompagnée, elle serait venue seule.

— Elle se trouve mal, dit Médème, qui était resté près d'elle.

Il l'enleva dans ses bras et la descendit ; personne n'y prit garde, excepté Lagie, qui dit, en la voyant passer :

— Voilà la Pomaré qui fait ses manières.

Je la menai chez elle, elle avait la fièvre ; elle ne voulait pas qu'on la déshabillât; elle voulait retourner au bal, danser.

Il fallut allumer tout chez elle. J'y restai une partie de la nuit ; elle remettait sa coiffure, me disait des mots sans suite ; enfin, la fatigue l'emporta, elle s'endormit.

Je rentrai chez moi fort triste.

Le lendemain, je fus la voir ; elle était levée, plus pâle que la veille.

— Oh ! te voilà, toi, me dit-elle les lèvres crispées, **tu devais être la première à qui j'apprendrais cette nouvelle**; les misérables !... je me vengerai ! Ils me croient donc morte ? Quelle trahison !

Je la crus folle.

— Ça ne t'indigne pas ? me dit-elle en colère.

— Tu ne m'as pas dit ce que tu avais.

— Eh bien, Eulalie est la maîtresse de Camille.

Ils me trompaient tous les deux ; il est majeur dans quelques jours ; elle s'est sauvée avec lui. Ah ! que mon cœur me fait mal ! Je les aimais tous les deux, ils m'abandonnent ensemble ; elle lui disait tant de mal de moi, qu'il me hait. Elle est enceinte, il veut l'épouser ; mais je connais son oncle, son tuteur : j'écrirai, j'irai s'il le faut. Je ne peux renoncer à cette affection, c'est la seule pure que j'aie eue de ma vie. Oh ! que c'est mal de m'avoir fait croire à l'éternité ; l'éternité c'est la vie. Ça ne sera pas long pour moi, il aurait pu attendre un peu.

Elle fondit en larmes ; je tâchai de la calmer.

— Voyons, ne suis-je pas ton amie ? Je ne t'abandonnerai pas... Ton amant, ce comte, il ne me plaisait pas, je l'avoue ; mais enfin ne t'a-t-il pas donné de grandes preuves d'affection ? Tout le monde n'est pas ingrat ; oublie-les.

— Oublier ! Oui, je veux oublier, tu as raison. D'abord, j'ai revu ma mère, elle vient me voir en cachette ; je lui donne des effets pour mes frères et sœurs. C'était sa préférée, Eulalie ! elle va la défendre ; je ne veux pas lui en parler ; je voudrais qu'Ernest revînt. J'attends son médecin aujourd'hui ; je ne lui dirai pas que je suis sortie hier. Comme ma tête brûle ! je vais me mettre sur mon lit.

Nous passâmes dans sa chambre ; cette chambre était tendue en jaune, comme dans la rue Saint-Georges, mais mieux meublée : il y avait deux croisées sur le devant, garnies de rideaux blancs et jaunes ; entre les deux croisées, un socle en bois doré supportant une Vierge en plâtre, sur laquelle retombait un voile de dentelle ; on voyait, au travers, des perles et des fleurs.

La cheminée faisait face à son lit, dont la tête était tournée vers les croisées ; il y avait une porte au pied, donnant sur l'antichambre ; une autre donnant dans le salon.

C'est par cette dernière porte que nous étions entrées ; l'autre s'ouvrait en même temps.

— Le docteur ! dit sa femme de chambre.

— Je te laisse.

— Si je ne viens pas demain, à après-demain, sans faute.

Elle me serra la main, et je la quittai. Quand je revins, sa mère était là ; elle refusa de me laisser entrer.

Je revins quelques jours plus tard ; elle essaya de m'éloigner ; j'insistai et j'entrai.

Lise me reprocha d'être restée si longtemps sans la voir. Sa mère me regardait, je n'osais pas dire qu'on m'avait renvoyée. Sa mère ressemblait à Eulalie; elle me déplut. Lise ne quittait plus le lit.

— Je voudrais qu'Ernest revînt, me dit-elle avec tristesse.

Je la fis répéter, car cet Ernest qu'elle attendait toujours, je l'avais rencontré la veille.

— Ça coûte si cher les maladies! J'ai déjà engagé beaucoup de choses. On dirait que tout le monde a peur que je meure; chacun m'apporte sa note.

— Ce n'est pas ça, lui dis-je, c'est que l'argent est rare, chacun en a besoin.

— Oh! tu as peut-être raison. Ernest ne peut pas tarder.

Je pris congé d'elle. Sa mère me fit entrer dans la salle à manger, et me dit:

— Vous qui connaissez ses habitudes, ses amis, vous savez sans doute que ce monsieur Ernest est à Paris? On a envoyé plusieurs fois chez lui, il ne fait pas de réponse. Le médecin qu'il envoyait ne vient déjà plus. Je n'ose pas lui dire cela, elle l'attend toujours. Avant-hier, on est venu pour saisir, du magasin de la *Mère de famille*. J'ai prié d'attendre. Il s'agit de trois cents francs pour un domino rose; ils reviendront dans quelques jours; je ne sais comment faire.

— Il faut éviter cela; je vais y passer.

Elle fut enchantée et me permit de venir voir Lise quand je voudrais.

J'allai dire à ce magasin que je répondais de la dette ; que s'il arrivait un malheur et que Lise mourût, son mobilier serait plus que suffisant pour payer tout le monde ; que jusque-là on voulût bien attendre.

La dame me le promit ; je retournai quelques jours plus tard chez Lise.

— Oh ! te voilà ! Je suis bien mieux, va ! J'espère sortir dans quelques jours. J'ai bonne mine, n'est-ce pas ?

Je répondais oui sans la regarder ; elle était plus mal que jamais.

Sa mère entra et me dit :

— Grondez-la, vous qu'elle aime ; elle a écrit toute la nuit.

— Oui, dit Lise avec un sourire étrange ; oui, c'est ce qui m'a fait du bien. Je vais mieux, n'est-ce pas ?

Ses yeux, où brillait la fièvre, s'attachaient sur moi ; je fus forcée de la regarder.

Ses joues étaient creuses, ses lèvres rouges ; j'entendais sa respiration rauque ; j'avais envie de pleurer.

Son regard ne me quittait pas. Je compris qu'elle avait quelque chose à me dire ; mais nous n'étions pas seules : sa mère ne sortait jamais quand j'étais là.

Elle prit sur la table de nuit une petite montre émaillée bleu, la tourna longtemps dans ses doigts, la remit à sa mère et lui dit :

— Tiens, envoie cela là-bas, c'est mon dernier bijou. Qu'il me tarde qu'Ernest revienne ! Pas une lettre de lui ! Si je ne l'attendais pas, je pourrais m'adresser à quelques amis. Je suis sûre qu'il viendra me voir ; j'aime mieux attendre. Va vite !

Sa mère sortit. Elle me tira près de son lit et me dit :

— J'ai écrit à l'oncle de Camille ; il voulait lui faire épouser sa fille, il empêchera bien ce mariage. Je suis vengée ! Oh ! que je vive assez pour avoir la réponse ! Tu lui diras, à Eulalie, si tu la rencontres, que c'est moi...

On marchait vers la porte, elle mit un doigt sur sa bouche ; sa mère rentra.

Je lui dis combien j'étais peinée de n'avoir pas d'argent à lui offrir, pour lui épargner ces engagements au Mont-de-Piété ; que je me consolais en pensant que ce n'était pas pour longtemps. Je mentais pour calmer ses inquiétudes.

Je quittai cette chambre le cœur serré.

A quelques jours de là, on vint saisir son salon, sa salle à manger, son cabinet de toilette. J'étais là, j'obtins qu'on n'entrât pas dans sa chambre.

Ce que l'on avait saisi suffisait largement à couvrir cinq cents francs qu'on réclamait.

Elle demanda qui marchait à côté; je lui répondis qu'on voulait voir son logement; elle disait tous les jours qu'elle voulait déménager; cela ne l'étonna pas.

— Oui, je vais quitter ce logement, j'irai demeurer à la campagne. Puis ses yeux se remplissaient de larmes et elle reprenait : Oui, à la campagne, au cimetière Montmartre.

Je tâchais de chasser cette idée de son esprit; j'y parvenais assez facilement, car elle tenait à la vie.

Quand elle m'entretenait de ses espérances, cela me faisait souvent plus de peine que quand elle me parlait de sa fin prochaine. Je lui conseillai d'écrire à quelques amis. Personne ne vint.

M. Ernest, instruit qu'il n'y avait plus de ressources, avait cessé de s'occuper d'elle; toutes démarches furent inutiles : il fit répondre que ce qu'elle avait suffirait, en le vendant, pour aller jusqu'à la fin; qu'il ne voulait pas faire de nouveaux sacrifices pour une femme qui n'avait pas un mois à vivre.

Je me disais chaque jour, en quittant le chevet de cette pauvre fille :

« Pourvu qu'elle meure avant qu'on lui enlève son lit ! »

Elle m'avait demandé du bon vin, du raisin, des asperges, cela hors saison. Quoique j'eusse peu d'argent, je m'étais procuré ce qu'elle désirait.

J'arrivai les bras chargés. Ce fut Eulalie qui m'ouvrit la porte : je faillis tout laisser tomber par terre.

— Elle me fit entrer dans la salle à manger en me disant :

— N'entrez pas, elle dort! Le diable doit la tourmenter, car elle s'est donnée à lui.

Je ne comprenais pas; elle reprit :

— Vous savez ce qu'elle m'a fait. Hier, l'oncle de Camille l'a fait venir, censément pour un rendez-vous d'affaires, et l'a enlevé dans sa voiture, presque de force. C'est elle qui est cause de tout cela. J'ai reçu une lettre ce matin à l'hôtel. Camille me dit adieu; il m'annonce qu'il m'enverra de l'argent et me répète qu'il voulait m'épouser. Me voilà encore sans ressources, car je le connais : avec lui, le dernier qui parle a raison. Elle le savait bien : je ne le reverrai jamais. Dans quinze jours, il ne pensera plus à moi; il n'a pas mis tant de temps à oublier son amour pour Lise. Qu'elle se réveille, je vais lui dire tout ce que j'ai sur le cœur.

Je la priai de n'en rien faire, de ménager les derniers moments de sa sœur.

— Qu'est-ce que ça me fait? Je voudrais qu'elle fût morte un mois plus tôt.

Sa mère, qui avait pour Eulalie une faiblesse marquée, paraissait s'être rangée de son côté.

Lise sonna.

Pendant cette conversation, j'avais souhaité dans mon cœur qu'elle se fût endormie pour toujours.

Sa sœur ouvrit la porte qui donnait au pied de son lit, s'appuya au chambranle et, se croisant les bras, dit :

— Eh bien! c'est moi! est-ce que ça t'étonne?

J'étais derrière; je vis Lise à peine éveillée se lever sur ses coudes, sourire et retomber en arrière, en disant :

— Enfin!...

Eulalie s'approcha.

— Tu es contente de ton ouvrage, fille du diable; au lieu de te repentir, tu fais le mal jusqu'au dernier moment. Regarde-toi donc; tu es à moitié morte, tu ne jouiras pas longtemps de ton triomphe; je suis abandonnée, tu l'es aussi. Ton Ernest, il est ici, il ne veut plus te voir; toi qui te croyais aimée de tout le monde! où sont-ils donc tes amants?

Lise ferma les yeux sans répondre; je vis des larmes percer ses paupières. Sa mère tirait Eulalie et lui faisait signe de se taire. Elle allait sans doute continuer.

— Emmenez-la donc! m'écriai-je, si vous êtes la mère des deux; et vous, Eulalie, ne dites pas un mot de plus : n'avez-vous pas honte? Sortez!

Je ne sais ce qu'elle me répondit; mais je la poussai peut-être un peu fort dans la pièce voisine. Je fermai la porte au verrou, malgré sa résistance.

Lise me serra la main et me dit :

— Si tu pouvais rester près de moi! Oui, elle a raison, je suis abandonnée par tout le monde, excepté par toi. Pourquoi mon amant reviendrait-il?

Elle me montra ses bras et ses mains décharnés.

— La vie que j'ai menée, c'est un commerce; on m'achetait un baiser; je n'ai plus rien à vendre, on ne vient plus. Que tu as bien fait de quitter cette vie-là! dans quelque temps on oubliera ton passé, peut-être l'oublieras-tu toi-même; fais-toi des amis. Ah! que celle qui a été vertueuse, honnête, est bien récompensée à cette heure suprême ! le compagnon de sa jeunesse la soigne jusqu'au dernier moment, l'accompagne à son dernier asile et va pleurer sur sa tombe. Pour nous, rien que la raillerie et l'insulte pendant et après. Tout l'or du monde ne suffirait pas pour compenser ces dernières heures.

Je pleurais.

— Pourquoi pleures-tu? ma pauvre Céleste ; parce que je vois plus clair qu'hier? C'est ma sainte Vierge qui a inspiré Eulalie ; elle m'a fait comprendre que je perdais mon temps à espérer un intérêt que je ne méritais pas. Donne-moi le chapelet qui est aux pieds de la Vierge, ôte le voile qui la couvre, mets-la près de moi, sur cette table ; vois, ses bras sont ouverts pour tous ceux qui vont à elle. Ne pleure pas; laisse-moi, mais ne reste pas plus d'un jour sans venir; envoie-moi un prêtre ou charges-en ma mère.

Elle appuya sa tête sur le coin de la table de nuit. La lumière de la veilleuse, le reflet de la Vierge blanche éclairaient sa figure ; elle était calme, ses yeux se fermèrent, je crus tout fini.

Je tirai la porte doucement; sa sœur voulut parler, je lui fis signe de se taire et je priai sa mère d'aller chercher un confesseur, si elle voulait qu'il arrivât à temps.

— Comment va-t-elle ? me demanda ma mère en rentrant.

— Elle va bien, lui dis-je, je voudrais être à sa place... Et je montai toute triste dans ma chambre.

Le lendemain, je retournai chez Lise. J'avais rêvé d'elle toute la nuit : je la voyais habillée pour un bal ; ses fleurs étaient noires.

En entrant, j'interrogeai son concierge du regard ; il me fit un signe de tête qui voulait dire :

« Tout n'est pas fini, mais ça ne tardera pas. »

Je montai ses trois étages sans respirer. J'allais sonner, quand j'entendis rire, parler. Je frappai ; sa sœur vint m'ouvrir, une serviette à la main ; j'entrai dans la salle à manger, je vis des huîtres, du vin blanc : on déjeunait gaiement dans l'antichambre de la mort.

Je fus indignée.

— Elle va donc mieux ? dis-je en regardant ce festin.

— Oui, me répondit sa mère, elle repose laissez-la.

— Si elle repose avec le bruit que vous faisiez tout-à-l'heure, il faut qu'elle dorme du dernier sommeil. S'est-elle confessée ?

— Oui, elle a vu son père hier ; cela l'a rendue heureuse ; elle a demandé pardon à sa sœur.

— Il est bien temps, dit Eulalie ; je me moque de son pardon. Je n'oublierai jamais ce qu'elle m'a fait.

J'entrai dans la chambre de Lise. Elle avait les yeux ouverts ; elle ne bougeait pas. Je n'osais avancer.

Elle fit un mouvement ; je voulus lui prendre la main ; elle tourna sur moi ses grands yeux éteints, me fit un signe de reconnaissance et soupira sans dire un mot.

Je m'assis dans un fauteuil près d'elle et lui demandai comment elle se sentait ; elle me fit signe de la tête qu'elle était bien. Elle avait roulé son chapelet autour de son bras ; son livre de prières était près d'elle ; elle remua ses lèvres comme si elle voulait me parler, elle regarda de tous les côtés, fit un mouvement d'impatience ; puis, appelant toute sa volonté :

— Ah ! fit-elle, écoute.

Je me penchai, car sa voix était faible.

— J'ai commandé mon portrait à un pauvre artiste ; il est presque fini ; personne ne voudra le prendre, va le chercher. Tu le garderas, toi !

Je le lui promis.

Elle eut à peine le temps de me dire le nom du peintre : Montji.

La parole lui manqua de nouveau ; elle me fit des signes en me montrant sa Vierge, embrassa la croix de son chapelet; elle voulait être seule.

Je sortis, je ne pouvais plus retenir mes larmes ; j'écoutai à la porte, elle cherchait à prier tout haut. Dieu seul pouvait comprendre sa pensée.

Le lendemain, quand je revins, toutes les portes étaient ouvertes ; l'âme était partie ; une bougie gardait le corps ; tous les yeux étaient secs autour d'elle.

Je me mis à genoux au pied du lit, je fis une longue prière ; je l'embrassai sur le front, je lui fermai les yeux restés ouverts, je lui coupai une mèche de cheveux, et je quittai cette chambre, le cœur et les yeux pleins de larmes.

Je ne rentrai pas chez moi; j'allai chez Deligny, qui, voyant ma douleur, fit son possible pour me distraire et pour me consoler.

Le lendemain, il pleuvait à verse ; je pris un petit coupé, j'allai rue d'Amsterdam. Arrivée à la porte de Lise, j'entendis clouer sa bière. Je redescendis à reculons : il me semblait que les clous m'entraient dans les chairs.

On exposa son corps à la porte.

La rue est déserte à cet endroit, le temps était affreux, personne ne passait. Il y avait deux personnes à son enterrement : moi et le cocher qui me conduisait.

Quand on eut jeté la dernière pelletée de terre sur elle, on mit une croix avec ses initiales. Je restai les pieds scellés dans cette terre glaise ; il me semblait qu'une partie de moi-même était en terre avec Lise. Je m'arrachai en faisant un effort ; j'étais fascinée : il me semblait entendre des voix m'appeler. J'eus peur, je sortis en courant.

Deligny était chez moi ; il me reprocha de me faire tant de mal. C'était plus fort que ma volonté : je pleurais sur elle et sur moi.

Le même sort ne m'était-il pas réservé ?

Je fus au cimetière huit jours après, espérant trouver une pierre, un entourage. Rien. Pourtant sa mère avait, en payant quinze cents francs de dettes, pris la succession, qui valait bien quinze mille francs.

Je pensai qu'elle n'avait pas eu le temps de s'occuper encore de ces soins.

Je revins au bout de dix jours. Rien,

On avait abandonné la morte, comme on avait abandonné la malade.

Je commandai un entourage en fer, un mausolée en marbre, avec ces deux lignes :

Ici repose Lise..... née le 22 février 1825, morte le 8 décembre 1846. Son amie, Céleste.

J'étais allée chez Montji. Il m'avait donné son portrait, moyennant deux cents francs, au lieu de trois cents, qui étaient le prix convenu. Il n'était pas heureux et me fit ce sacrifice parce que j'étais l'amie de Lise.

C'est le portrait que l'on a vu chez moi.

Ces dépenses me gênèrent beaucoup, mais je les fis sans regret. Deligny m'aida encore en cette circonstance : il était vraiment bon.

J'allai voir la tombe de Lise ; j'avais donné des ordres, et elle était garnie de fleurs. Personne autre n'y avait mis une pensée depuis sept ans. Quelques petits journaux eurent le courage de faire des plaisanteries sur cette fin pourtant bien triste et bien abandonnée : *Il lui sera beaucoup pardonné, parce qu'elle a beaucoup aimé* ; ils auraient dû dire : « Il lui sera peut-être pardonné, parce qu'elle est morte en bonne chrétienne et qu'elle a beaucoup souffert. »

Elle avait beaucoup souffert, en effet. Sa mort avait été une cruelle et longue agonie. Depuis plusieurs jours, le corps mourait, que l'esprit vivait encore, et vivait pour la torturer. Je n'ai jamais connu personne qui eût une si grande peur de la mort. Sous l'influence des sentiments religieux auxquels elle avait été fidèle toute sa vie, elle voulut cependant regarder en face sa fin prochaine, se préparer à ce terrible passage; elle s'imposa un dernier devoir, qui l'effrayait tant parce qu'il lui montrait que tout espoir terrestre était perdu pour elle. Elle faisait des efforts surhumains. Elle réussissait pendant quelques instants, mais la nature l'emportait bientôt sur sa volonté, et elle retombait dans des spasmes nerveux, dans des accès navrants de terreur. Souvent, pendant la nuit, elle appelait au secours, elle avait des visions et elle criait : « Mon Dieu, laissez-moi vivre ! » Alors, m'a-t-on dit, sa main défaillante semblait chercher un ami dans le vide. La pauvre fille qui la servait, qui lui était attachée, pourtant, demanda son compte, pour ne plus être témoin de ces scènes déchirantes.

Je ne pouvais m'habituer à la pensée que j'étais seule à la pleurer; je me rappelais les souvenirs de notre vie passée pour trouver un cœur qui sympathisât avec les regrets que je lui donnais. Je songeai à Alphonse, qui avait réchauffé sa vie, sa gaieté à ce feu follet; il apprit sa mort avec peine. C'est peut-être le seul qu'elle n'avait pas appelé; c'est le seul qui aurait répondu.

XX

UN SOUPER AU CAFÉ ANGLAIS.

La mort de Lise marque une des phases les plus tristes de ma vie. J'étais tombée dans un découragement profond. Les espérances ambitieuses qui m'avaient soutenue s'étaient évanouies. L'exaltation qui m'avait portée à mettre fin à mes jours s'était affaissée. Mon dégoût pour l'existence n'avait pas diminué; seulement mon courage, pour en rejeter le fardeau, n'était plus le même. Le mal dont je souffrais, c'était une défiance absolue, invincible; je le pensais, du moins.

Je ne croyais plus à l'affection; je ne croyais qu'à l'amour du jour, à l'amour sans dévouement et sans lendemain. Mon âme en était saturée.

On m'a bien souvent reproché d'avoir torturé ceux qui m'ont aimée. Si j'avais eu ce malheur, je pourrais au moins me rendre cette justice, que je n'ai jamais agi par méchanceté et par calcul. Le doute qui me dévorait le cœur a seul inspiré ma conduite, et a pu me donner quelquefois l'apparence de l'ingratitude et de l'insensibilité. L'incrédulité, dans le cœur d'une femme, est pour cette femme une poignante souffrance; mais elle lui donne sur les autres caractères une force et un ascendant presque irrésistibles.

J'appris alors une nouvelle assez étrange, qui m'impressionna d'autant plus qu'elle se rattachait aux idées, aux sentiments et aux doutes qui vibraient douloureusement en moi, depuis la mort de Lise.

Cette nouvelle était relative au pauvre pianiste, que j'avais accusé d'inconstance, en me raillant moi-même d'un instant de faiblesse et de crédulité.

On vint me dire qu'après notre séparation, H... avait eu un grand chagrin; il était tombé malade, sans qu'il fût possible à la science de déterminer le caractère de sa maladie. On lui conseilla la distraction; il partit pour l'Italie, visita Rome, s'y fit catholique et entra dans un couvent. J'avais bien de la peine à croire, comme on me l'assurait, que cette détermination eût été causée par la douleur qu'il avait ressentie de notre séparation ; en tout cas, il avait été bien inspiré, et je répondis en souriant, à la personne qui me contait cette histoire, que si je damnais tous mes amis comme celui-là, l'Église me devrait une récompense. Au fond de l'âme, pourtant, j'étais plus émue que je ne voulais le paraître.

J'avais mon logement en horreur : je n'y avais pas été heureuse, et, pour ne pas y rester, je passais les nuits dehors.

Deligny avait repris ses habitudes de dissipation. Je le suivais, je criais bien haut pour ne pas entendre ma tristesse. Ma santé était profondément altérée, depuis ma tentative de suicide. On n'avale pas impunément le gaz d'un boisseau de charbon ; je toussais, j'avais le feu à la poitrine ; je buvais du champagne pour l'éteindre ; je me figurais mourir comme Lise. Mais loin de m'effrayer des approches de la mort, je l'aurais acceptée comme un bienfait.

Une pareille situation d'esprit ne contribuait pas à rendre mon humeur égale. Je tyrannisais Deligny. A toutes ses protestations de tendresse, je répondais invariablement :

— Vous m'aimez aujourd'hui ; vous le dites au moins. Que je tombe malade, vous me laisserez là comme un chien ; que je meure, vous ne me donnerez pas un regret.

Rien ne pouvait m'ôter cette idée de la tête.

J'avais fini par réussir à m'étourdir. Un souper en amenait un autre; je ne dormais plus : je trouvai le repos de mes souvenirs.

Au milieu des désordres de cette folle existence, je m'étais liée avec une petite femme qui était venue au magasin ; elle était gentille, spirituelle et insouciante du lendemain. Cette femme était la maîtresse de Brididi.

Elle m'avait d'abord détestée ; elle était venue me voir par curiosité et s'était attachée à moi. Nous devînmes amies. Comme cela, elle me surveillait et était sûre que je ne m'occupais pas de son cher Brididi, qui, de son côté, m'avait, je crois, tout-à-fait oubliée. Deligny étant parti pour M..., je me trouvais seule et je passais beaucoup de temps avec elle. Sa gaîté était intarissable, son cœur était bon, trop bon même, car elle avait une grande faiblesse en amour. Brididi en abusait un peu ; il était tout fier d'inspirer une si grande passion. Il avait raison, du reste ; elle était vraiment charmante : une jolie taille, de jolis yeux, de jolis cheveux ondés qui lui valurent le nom de Frisette.

Ce que j'aimais surtout en elle, c'était sa bonté ;

elle rendait service à qui elle pouvait et se cachait pour éviter un remercîment ; n'ayant que six sous pour prendre l'omnibus, elle les donnait à un pauvre et faisait sa course en chantant. Si l'énergie manquait dans cette tête et dans ce cœur, il y avait, en revanche, de bien excellentes qualités.

Ces qualités avaient survécu au vice, qui les étouffe chez tant d'autres femmes. Quand ma folie parlait raison, elle écoutait, m'approuvait ; enfin, je l'aimais beaucoup.

Je ne sais laquelle de nous deux mena l'autre à un souper au café Anglais. Je m'y rendis, comme j'allais à toutes ces parties, par désœuvrement, sans me promettre beaucoup de plaisir. J'étais loin de me douter que cette soirée exercerait une influence décisive sur ma vie et en préparerait peut-être le dénoûment.

Je me trouvai, à ce souper, en pays de connaissance. Je reconnus plusieurs personnes que j'avais vues chez Lagie.

Le fond de mon caractère a toujours été sérieux. Le temps que d'autres consacraient à dire ou à écouter des folies, je l'employais en général à me rendre compte des caractères avec lesquels j'étais en contact, et à lire en quelque sorte les physionomies nouvelles que je rencontrais.

Mon attention se fixa d'abord sur un jeune homme de trente ans environ, grand, maigre, brun, pâle ; le front d'une largeur et d'une hauteur ridicules ; la figure allongée, mince du bas, les yeux grands et noirs, le nez pointu, la bouche moyenne, les dents gâtées... Il avait quitté son habit ; je voyais au travers de sa chemise fine se dessiner ses épaules maigres, étroites, qui annonçaient une mauvaise santé. Il ordonnait le festin, commandait en maître ; quelques femmes l'entouraient, il leur répondait d'un air protecteur.

En attendant qu'on servît le souper, il se mit au piano ; il était bon musicien, mais il faisait trop de grimaces, de contorsions ; ses mains osseuses me faisaient l'effet d'araignées. Je ne lui fis aucun compliment ; il en parut étonné.

Pendant le souper, il m'attaqua. Il avait de l'esprit, mais un de ces esprits impossibles à dépenser avec d'autres qu'avec certaines femmes ; un esprit brutal, malhonnête, ne reculant pas devant la plus grosse injure pour un mot drôle. Il parlait toujours de lui ; il faisait, à ce qu'il disait, tout mieux que personne. Sa noblesse était la meilleure, sa fortune la plus grande ; nul n'était brave comme lui.

Toutes ces forfanteries me portaient sur les

nerfs. Je n'avais rien répondu à ses provocations, mais je faisais provision de colère, et déjà je lui avais donné un surnom que j'avais glissé dans l'oreille de ma voisine et qui l'avait fait rire de bon cœur, tant il s'appliquait bien au personnage. Je l'appelais *le Faucheux*.

Ce qui augmentait ma mauvaise humeur, c'est que j'étais placée à côté d'un grand homme très-beau, très-content de lui-même, qui faisait tout au monde pour attirer mon attention sur ses larges épaules et sur sa poitrine bombée; il était bête comme une oie et vaniteux comme un paon. C'était un bellâtre. L'oreille ouverte aux sarcasmes du Faucheux, je perdais la pantomime de mon voisin, ce qui le mit de fort mauvaise humeur.

Cela commençait mal. Je n'avais encore rien dit et j'avais déjà deux ennemis.

Le Faucheux semblait avoir pris à tâche de lasser ma patience.

J'étais le point de mire de toutes les plaisanteries.

La colère finit par me monter au cerveau, et je débutai avec d'autant plus de vivacité que je m'étais contenue plus longtemps.

— Monsieur, lui dis-je, voulez-vous avoir la bonté de me laisser tranquille? Voilà une heure que j'écoute vos sottises. En ne vous répondant pas, je croyais vous avoir fait comprendre que votre esprit n'était pas de mon goût. Les araignées ne me font pas peur, mais elles me dégoûtent, et quand elles s'approchent trop près de moi, je les écrase. Ainsi, grand Faucheux, ne vous occupez pas plus de moi que je ne m'occuperai de vous.

C'était dur ; mais j'avais été cruellement provoquée, et je n'ai jamais brillé par la patience.

L'épithète de grand Faucheux mit immédiatement les rieurs de mon côté. Il y a dans toutes les réunions, petites ou grandes, un sentiment de justice qui se fait jour.

On comprenait que les attaques dont j'avais été l'objet me donnaient droit, de mon côté, à une assez grande latitude.

Mon adversaire devint furieux. Il ne s'attendait pas à de semblables représailles de la part d'une de ces pauvres filles, habituées à courber la tête sous le joug de la fatuité opulente. Il n'avait pas encore eu le temps de réfléchir qu'un galant homme ne gagne jamais rien à se disputer avec une femme, quelle que soit cette femme.

Il reprit la balle au bond.

— Qui donc, s'écria-t-il a amené cette...

Et il en débita tant sur mon compte que j'en fus étourdie.

Il se fit un grand silence. Chacun comprenait que cela allait devenir drôle.

C'était la mode, au surplus, dans les soupers arrangés par ce Faucheux : il lui fallait une victime à qui il pût dégoiser son catéchisme poissard. J'avais été choisie par lui pour ce jour-là ; mais avec mon caractère, il était mal tombé.

Mon beau voisin, qui n'aurait pas eu assez d'esprit pour venger lui-même ses injures, et me punir de mes dédains, faisait cause commune avec mon ennemi, et l'appuyait du regard et du geste.

Frisette seule ne s'amusait pas de cette scène. La pauvre enfant comprenait qu'il y avait un gros orage amoncelé sur mon cœur ; elle avait peur de me voir passer les bornes, et craignait que je ne me misse sur les bras quelque méchante affaire. Elle vint à moi et, me parlant tout bas, me supplia de quitter la place et de partir avec elle. Je la fis asseoir et lui répondis tout haut :

— Pourquoi donc m'en irais-je ? monsieur est à bout. J'aurais peut-être dû ne pas venir ; c'est la première fois que j'assiste à un souper d'hommes d'aussi bonne compagnie. Comme monsieur le disait, tout-à-l'heure, je suis entrée ici libre, sans condition ; je n'ai pas de regrets, car j'ai montré du tact, et n'ai pas cherché à attirer l'attention. Monsieur n'a pas su imiter ma réserve. Il n'est probablement pas plus que moi habitué au grand monde. Sans doute, il est noble d'hier ; il prend ses conquêtes bien bas pour se grandir. S'il n'y avait pas de femmes comme nous, où vivrait-il donc... au jardin des Plantes ?... J'ai bien payé mon écho en l'écoutant, je reste.

Sans m'en douter, j'avais frappé juste : c'était un parvenu ; il pâlit et se mordit les lèvres.

La réflexion lui était revenue, et je crois qu'il commençait à regretter de s'être attaqué à moi.

J'avais, sans m'en douter, pendant le feu de cette discussion, gagné un allié qui, touché de mon courage, s'intéressa à ma cause et rompit une lance en ma faveur.

C'était un jeune homme que je n'avais pas encore remarqué, quoique assurément il méritât, plus que toutes les autres personnes présentes, de fixer mon attention.

— Ah ça, messieurs, dit-il d'une voix douce et fière, est-ce que cela ne va pas bientôt finir? Vous vous mettez deux contre une femme ! ce serait déjà trop d'un seul.

Et, s'adressant plus particulièrement au Faucheux, qu'il paraissait connaître intimement :

— Mon cher, je ne reconnais aujourd'hui ni ton bon goût, ni ta magnificence ordinaires.

— Comment donc, reprit le Faucheux, qui crut voir dans cette idée un moyen de retraite honorable, si j'ai blessé l'amour-propre de mademoiselle, je suis tout prêt à lui accorder une réparation. Vous savez très-bien, mon cher, que si j'ai le tort de taquiner ces filles-là, *j'ai le bon goût* de les payer. Puisque vous vous êtes déclaré son chevalier, fixez vous-même la rançon.

— Quinze louis!

— Quinze louis! soit! elle les aura demain.

— Demain! c'est bien tard, dit mon champion, qui se montra impitoyable, parce qu'il savait que le Faucheux passait pour être plus libéral en paroles qu'en actions.

— Je ne les ai pas sur moi.

— La belle affaire! Vesparoz te les prêtera.

Il n'y avait pas moyen de reculer; l'amour-propre du Faucheux était en jeu. Il sonna.

Vesparoz, le maître-d'hôtel du café, parut.

— Apportez-moi quinze louis, lui dit le Faucheux.

Un garçon rentra, portant sur un plateau la somme demandée.

— Remettez cet argent à mademoiselle Céleste.

Naturellement, je refusai de le prendre.

Mais mon champion n'entendait pas de cette oreille-là. Il était décidé à pousser la plaisanterie jusqu'au bout, et à punir le Faucheux par son côté sensible.

— Apportez-moi cela ! dit-il au garçon ; et il mit les quinze louis sur la table à côté de lui.

Puis se tournant vers moi :

— Ma chère enfant, venez vous asseoir à côté de moi.

J'y fus bien volontiers.

— Prenez cela, me dit-il ; c'est à vous, vous ne pouvez refuser sans désavouer votre champion et me faire une mortelle injure. Ainsi le veulent les lois de la guerre.

— Maintenant, ajouta-t-il en s'adressant au Faucheux, continue tant que tu voudras, au même prix bien entendu. Cependant tu en as beaucoup dit pour tes quinze louis, et je t'engage à ne pas te ruiner ce soir.

Il paraît qu'il trouva le conseil bon, car il se leva et, me tendant la main :

— Faisons la paix, me dit-il.

Il n'y avait plus à hésiter, et je mis ma main dans la sienne d'assez bonne grâce.

A partir de ce moment, la scène prit une tournure à laquelle je ne m'étais pas attendue. J'eus une nouvelle preuve, qu'en fait de sentiment, les extrêmes se touchent, et que souvent on est bien près d'aimer les femmes qu'on croit haïr.

Quand on quitta la table pour faire de la musique, danser, chanter, le Faucheux m'attira dans l'angle d'une croisée, et me confessa qu'il ne m'avait fait cette scène ridicule que pour attirer mon attention et pour avoir un prétexte de se réconcilier avec moi.

Je lui répondis poliment, mais froidement, que s'il arrangeait ainsi les femmes qui lui plaisaient, je ne savais pas ce qu'il pouvait inventer pour ses antipathies.

Il devenait tendre, pressant; il me promettait monts et merveilles.

Je n'avais, quant à moi, aucune envie de me réconcilier à ce point. Je l'écoutais avec distraction, mais, en revanche, je regardais très-attentivement mon allié, que, pour des raisons à moi connues, j'appellerai désormais Robert, quoique ce ne soit pas son véritable nom.

Celui-ci s'aperçut qu'il était l'objet de mon attention, et il s'approcha de nous.

Alors, par un sentiment de coquetterie toute féminine, je me mis à répéter tout haut les paroles tendres que le Faucheux venait de me dire tout bas. Je tenais à me parer de ma victoire, et, pour la bien constater, je répondis au Faucheux :

— Je vois bien que vous revenez à vous-même et je vous crois sincère ; aussi, soyez sûr que je ne vous en veux pas. Mais je vous connais d'hier, et je ne vois aucun motif pour prolonger nos relations.

Et je le laissai dans un coin, tout honteux et tout ému de l'aveu qu'il venait de me faire.

Il prit une bouteille de vin de Champagne et la vida presque d'un trait. Je dois lui rendre cette justice que je n'ai jamais vu personne boire autant, sans être malade. Était-ce par fanfaronnade, ou pour se consoler ? Je suis convaincue que c'était pour ce dernier motif.

La plupart du temps, ces natures fanfaronnes sont au fond les plus tendres et les plus faibles. Elles font du bruit pour s'étourdir, et les excentricités dont elles amusent le public ne sont qu'une parade. Soulevez le rideau, vous verrez se jouer derrière le drame de leur cœur, souvent bien triste et bien lugubre.

Mais je n'avais rien à donner, j'avais mes pauvres.

Robert ne me quittait plus des yeux ; de mon côté, je suivais tous ses mouvements ; quand il causait avec une femme, j'avais envie d'aller me mettre entre lui et cette femme.

Je m'assis auprès de Frisette et je m'arrangeai de manière à ce qu'elle me parlât de lui.

C'était un homme qui paraissait avoir vingt-cinq ans, assez grand, la taille bien prise et bien proportionnée, la tête ronde, de jolis cheveux bruns, la raie blanche et fine, le front moyen, la figure ovale, les sourcils épais, la moustache forte; ses yeux bruns étaient ordinaires pour la grandeur, mais leur regard était profond, pénétrant; il était élégant de manières, très-recherché dans sa mise, sans avoir cet air raide, emprunté qu'ont beaucoup de jeunes gens.

Son esprit était vif; il me parut d'un caractère un peu violent, mais sachant se dompter, et corrigeant sa fougue par des manières charmantes.

Je l'avais regardé, j'avais vu tout cela; je le regardais toujours.

— Sans lui, dis-je à Frisette en le désignant, je ne sais comment cette dispute aurait fini; il m'a rendu un grand service. Je ne sais si je l'ai remercié.

J'aurais voulu qu'il vînt me parler... mais il n'en fit rien; mon cœur faisait autant de tours que lui sans qu'il y prît garde.

On avait improvisé un bal, il ne m'invita pas à danser; pourtant il me regardait.

Le grand beau, mon voisin de table, ayant fini

par se persuader, sans doute, que ma froideur était un jeu, s'approcha de moi, et, avec le tact qui paraissait le caractériser, il me demanda bruyamment si je voulais me sauver avec lui.

Je me levai sans lui répondre.

Le Faucheux ne me parlait plus ; mais devinant ce qui se passait en moi, il paraissait souffrir.

Cette promenade des yeux et du cœur à la suite de M. Robert me fatiguait. Je fus droit à lui, et lui demandai s'il voulait me reconduire, pour me débarrasser de ces deux messieurs.

— Oui, dit-il en attachant sur moi un regard qui avait l'air de lire ma pensée ; oui, dans dix minutes ; mais auparavant, je voudrais bien danser avec vous.

On commençait une valse : il me fit tourner sans attendre ma réponse. J'étais souple, il avait le bras nerveux ; il me serra, je sentais les battements de son cœur, je respirais son haleine ; je fermai les yeux, me laissant conduire. J'eus un étourdissement de bonheur qui passa comme l'éclair, mais dont je me souviens toujours.

Je revins à Frisette, toute radieuse.

Elle connaissait Robert, ou venait de se renseigner sur son compte, car elle me dit :

— C'est le comte ***, avec qui tu viens de danser.

Ce nom était bien beau, bien loin de moi. Je devins triste.

— Venez-vous? dit Robert; je vais reconduire Frisette d'abord, vous ensuite.

— Je suis bien fâchée de vous donner cette peine.

Il me serra le bras, et me dit :

— C'est un plaisir. Je n'aurais pas osé vous le demander; je ne voulais pas être le troisième à vous persécuter.

Il me promit de venir me voir le soir à quatre heures. Je rentrai chez moi, la tête et le cœur remplis de son image. Insensée que j'étais de désespérer de la vie ! A vingt ans! est-ce que c'est possible ? La veille, il me semblait que la vie n'avait plus de but pour moi. Triste folie! aujourd'hui, je me sentais renaître à l'espérance; j'entrevoyais de nouveaux horizons, de nouveaux mondes ; mes ailes avaient repoussé !

XXI

ROBERT.

J'étais, par un heureux hasard, délivrée pour le moment de toute inquiétude matérielle. Je pouvais, pendant quelque temps, vivre de mes rêves et me bâtir des châteaux en Espagne.

Le temps me parut si long, jusqu'à quatre heures, que, pour l'abréger, je descendis au magasin.

J'avais écrit, quelques jours avant, à mon ami en Hollande. Je trouvai en revenant du souper une lettre de lui; il m'envoyait deux mille francs à toucher chez un banquier, rue d'Hauteville. Avec ces deux mille francs et mes trois cents francs de la veille, j'étais bien riche.

Je me mis à la porte; un encombrement de voitures barrait le passage. Un joli phaéton, attelé de deux beaux chevaux noirs, attendait pour tourner rue Geoffroy-Marie ; les chevaux impatientés se cabraient, un des domestiques sauta en bas.

— Laisse, laisse, disait le jeune homme qui tenait les rênes.

Il calma les chevaux et dégagea sa voiture avec infiniment d'adresse.

Quand je le vis hors de danger, je traversai la rue pour monter chez moi ; mais les forces me manquèrent en arrivant. Robert allait me demander à la concierge, il m'aperçut.

— Eh ! bonjour, ma chère enfant, avez-vous bien dormi ?

Puis, me regardant :

— Comme vous êtes pâle ! est-ce que vous êtes malade ?

— Non, mais j'ai eu peur quand je vous ai vu, au tournant du faubourg Montmartre, pris dans toutes ces voitures ; vos chevaux se tourmentaient.

Il se mit à rire, et m'offrit le bras pour remonter chez moi.

J'étais gênée près de lui ; je ne voulais pas m'abaisser, pourtant je me croyais si au-dessous de lui, que je n'osais me mettre en face ; ma gêne était d'autant plus ridicule qu'il était sans façon, aimable, galant.

— Je ne viendrai plus avec mes chevaux, me dit-il, puisque je vous ai fait peur; je ne connaissais pas bien ce quartier, je demeure rue de Grenelle Saint-Germain. Je suis venu rarement rue Geoffroy-Marie; mais, si vous le permettez, j'y viendrai souvent.

J'étais réservée dans mes réponses; si perdue qu'elle soit, ou qu'elle ait été, la femme qui aime trouve dans son passé un souvenir de pudeur, de pureté; je l'aimais.

J'aurais voulu me relever un peu à mes yeux, cela n'était pas possible : la scène de la veille, les injures qui m'avaient été dites, avaient rappelé avec plus de force à ma mémoire et mon nom et ma vie; je n'avais rien à donner, rien.

Je restai pensive.

— Je vous gêne peut-être? me dit-il en se levant pour sortir.

— Non, non, restez encore.

Il y avait une prière dans ces quelques mots.

Il se rassit et commença à causer.

— Savez-vous, Céleste, qu'il y a longtemps que je vous connais? Je vous ai vue souvent à l'Hippodrome, et chaque fois j'admirais votre adresse et votre courage.

Cela me fit du bien de penser qu'il m'avait trouvé un mérite.

Du courage! oui j'en avais eu, car j'avais horriblement peur des chevaux.

Quand je montais à cheval, un tremblement nerveux secouait mes membres et je me disais, comme ce grand général, qui frissonnait quand il entendait le feu : « Tremble, tremble, misérable carcasse ; si tu savais où je vais te mener tout-à-l'heure, tu tremblerais bien davantage. »

Je ne savais pas alors que tous ces efforts me seraient plus que payés par un mot de lui.

— Voulez-vous dîner avec moi ce soir?

— Oui, si vous n'avez rien de mieux à faire.

— Tenez-vous prête à six heures.

Il vint me prendre avec une de ses voitures; c'était un joli coupé doublé de soie bleue, si petit que nous y tenions à peine tous les deux. Je m'enfonçai dans le fond de la voiture.

— Vous avez peur d'être vue? me dit-il.

— Oui, pour vous.

Nous dînâmes chez Deffieux. Je fus triste : cet amour me faisait l'effet d'une vision qui allait s'envoler et me replonger dans la nuit; plus Robert était aimable, plus je craignais de voir la vision s'évanouir.

Il vint me reconduire ; nous passâmes la soirée

chez moi ; je fis un grand effort ; je l'aimais trop pour lui mentir. Je lui racontai tout ce que j'avais fait, tout ce que j'avais été.

— D'autres vous l'auraient appris, lui dis-je, des ennemis ; vous auriez peut-être regretté une bonne parole, une caresse. Je vous aime Robert ; je vous aimerai longtemps ; un reproche de vous me ferait mal. Je voudrais ressaisir le passé, mais c'est impossible. Voulez-vous le présent ?

Sa réponse fut un bon baiser. Il me sembla qu'une autre femme venait de s'éveiller en moi.

Le quartier que j'habitais lui déplaisait ; il me trouvait trop loin.

— Si j'étais plus près, me disais-je, je le verrais plus souvent.

Je me décidai à louer un appartement place de la Madeleine, je donnai le magasin à ma mère.

J'étais si impatiente de me rapprocher de Robert, qu'au risque de faire une grosse brèche dans ma fortune, je payai deux termes, afin de déménager aussitôt que mon logement serait prêt.

Robert jouait quelquefois ; il donna une soirée à quelques amis, dans un appartement qu'il avait rue Bleue; Lagie y vint avec moi ; le souper était magnifique. On parla plusieurs fois, pendant ce souper, d'une femme appelée Zizi, qui était à la campagne; on en riait : on me regardait, je ne comprenais pas.

— Quelle est donc cette Zizi? demandai-je à Lagie.

— C'est sa maîtresse; nous sommes chez elle : il l'a envoyée à la campagne.

La tête me tinta. On venait de se lever de table, je fus droit à Robert et je lui demandai si ce qu'on venait de me dire était vrai, si j'étais chez sa maîtresse.

— Pas précisément, me dit-il. Il est vrai qu'une femme que je connais depuis longtemps, avec laquelle je ne puis rompre de suite, demeure ici : mais vous êtes chez moi. Mon intention est de la quitter; mais en la quittant, je veux me conduire avec délicatesse, et je lui laisserai tout ce qui est ici.

On avait commencé à jouer et l'on jouait gros jeu.

Je restai longtemps sans voir, sans entendre, abîmée dans une seule pensée : il avait une maîtresse! Depuis quinze jours, il ne me donnait que ses heures perdues.

J'étais, je ne pouvais être pour lui qu'un caprice, un feu follet, dont il allait jeter les cendres au vent.

Il fallait rompre, je n'en avais pas le courage;

tâcher d'oublier à tout prix. Robert perdit beaucoup d'argent; j'en fus contente.

Un de ses amis disait près de moi :

— Il est fou, ce Robert! Je ne sais comment il peut faire : il doit beaucoup, son père est jeune ; il sera ruiné avant d'hériter.

Cela me fit plaisir. Un secret pressentiment me disait que sa ruine le rapprocherait de moi.

Le lendemain, il y avait des courses à Versailles; on ne se coucha pas. A six heures du matin, un break attelé de quatre chevaux était à la porte, avec d'autres voitures, que ces messieurs avaient demandées.

Une calèche restait vide.

— Voulez-vous venir? me dit Robert.

J'avais envie de refuser, mais je n'en eus pas le courage.

Je montai malgré moi pour le suivre des yeux: les courses finies, il vint me dire adieu ; il partait pour Saint-Germain, où il avait affaire. Mais il me promit une visite pour le lendemain.

Ses amis, qui savaient à merveille quelle sorte d'affaire l'attirait à Saint Germain, voulurent lui faire une plaisanterie et nous invitèrent, Lagie et moi, à dîner à Saint-Germain.

J'étais trop avancée pour reculer.

Nous arrivâmes au pavillon Henri IV.

Robert, en m'apercevant, se sauva : ceux qui m'avaient accompagnée se mirent à rire.

— Pourquoi donc se sauve-t-il ainsi?

— Ah! me dit Georges, qui riait comme un enfant, c'est qu'il est entre deux feux: Zizi est ici; mais ça ne fait rien, vous dînerez avec nous; je vais dire que vous êtes ma maîtresse.

L'idée de jouer cette comédie me dégoûta de moi-même.

Me cacher devant cette femme comme une voleuse! mendier un regard, attendre une caresse dérobée aux droits d'une autre, cela me semblait impossible!

Je regrettai amèrement d'être venue.

On prévint Robert que j'acceptais, que je savais tout. Il vint me serrer la main; elle resta raide et froide dans la sienne.

On se mit à table, je n'avais pas faim, mais une soif ardente; ma gaieté tournait au cynisme.

Robert me regardait, j'abandonnais ma main, mon cou à mon voisin qui m'embrassait.

Il vint se mettre en face de moi, fixa son regard sur le mien et me fit signe de sortir. J'obéis, toujours malgré moi.

Il était temps, j'allais étouffer.

Il m'emmena dans le fond du jardin, me fit asseoir et me dit en me prenant les mains :

— Qu'avez-vous donc, Céleste? Vous paraissez vouloir me torturer à plaisir. Hier vous m'aimiez, vous le disiez au moins ; si vous ne m'aimez plus, après l'amour ne peut-il rester un peu d'intérêt, d'affection? Si vous en avez pour moi, ne vous prodiguez pas ainsi.

— Que voulez-vous donc que je fasse. N'avez-vous pas une maîtresse? voulez-vous que je pleure devant elle? Je suis libre, je veux m'amuser, vous oublier... Je fondis en larmes...

— M'oublier! pourquoi? est-ce ma faute si avant de vous connaître j'avais une liaison? vous ai-je fait venir ici, et, enfin, puisque vous y êtes, ne me suis-je pas tenu éloigné de cette femme? Je ne lui ai pas dit un mot. Restez, vous verrez que ma chambre est loin de la sienne ; je vous aime, et je ne l'aime pas. Je ne puis la quitter brutalement, sans motifs ; attendez!

Il m'embrassa, et tout fut oublié.

Pourtant la nuit, j'écoutai si sa porte ne s'ouvrait pas. Zizi resta à la campagne et je le ramenai à Paris sans le perdre de vue. J'avais peur de l'avoir fâché ; je l'aimais trop, je devais le fatiguer.

Il aimait le monde, et allait souvent au bal, ou à des parties de jeunes gens ; je lui en voulais de ne pas me sacrifier ces plaisirs.

Un jour le comte de S... vint m'inviter pour un

bal, donné tous les ans aux Frères-Provençaux par le Jockey-Club; il me fit promettre d'y aller. J'avais accepté, pour avoir une occasion de faire enrager Robert.

Ce jour-là, précisément, il m'avait prévenue qu'il avait une partie chez un ami. Je crus qu'il me mentait; j'offris de lui sacrifier mon bal s'il voulait rester; il refusa.

J'attendis, espérant qu'il se raviserait; on sonna, je fus ouvrir: c'était le comte de S... qui venait me chercher avec un de ses amis. Ils me déclarèrent qu'ils ne partiraient pas sans moi. Je mis dix minutes à ma toilette et je les suivis.

C'était la première fois qu'on m'invitait à ce bal. N'y allait pas, en fait de femmes, qui voulait. On n'invitait que des actrices, des femmes entretenues; toutes s'y déchiraient à belles dents.

Il en est de cette classe comme de l'autre; les prix seuls diffèrent. Quand les reines en titre voient arriver une concurrente, elles lui jettent la porte au nez, elles en disent pis que pendre.

Si on leur avait dit d'avance: « Nous avons invité Mogador, » elles se seraient soulevées en disant: « Fi! l'horreur! nous n'irons pas; » mais on n'avait rien dit; c'est un bouquet qu'on leur réservait, fatigué de leur ridicule vanité.

Lorsque j'entrai, ce fut un hourra général: les

femmes se retranchaient dans les coins, les hommes vinrent à moi; on eut de la peine à me trouver un vis-à-vis. Sans une bonne fille qu'on appelle Brochet, et qui se souvint qu'avant d'avoir vécu sous des lambris dorés elle avait été blanchisseuse, j'aurais dansé en face de deux hommes; les autres femmes étaient scandalisées, elles s'étaient groupées et chuchotaient; j'entendais:

— Mogador! une écuyère de l'Hippodrome! une femme qui a dansé dans un bal public!

Elles ne savaient que cela sur mon compte et me trouvaient indigne d'elles.

Ces dédains m'auraient mise en fureur, si je n'avais été convaincue que la jalousie y était pour quelque chose. J'avais de quoi me consoler: les hommes les plus distingués, les jeunes gens le mieux nés furent charmants pour moi et me dédommagèrent largement du mépris de ces dames.

Dans le nombre, cependant, il y en avait une qui se montra moins aristocrate. Elle me plut beaucoup; on l'appelait Chouchou. Elle avait infiniment d'esprit; j'étais assise près d'elle, elle me fit toute sorte d'amitiés et me dit:

— Cela me fait mal de voir toutes ces pécores faire leur tête comme cela. Tenez, regardez-moi ces deux sœurs: il y a un an, elles étaient trop heureuses de partager le souper et le petit lit en fer d'un pauvre garçon qui les avait ramassées sur les quais. Elles sont entrées dans un théâtre où on leur donne une lettre à porter, afin qu'elles puissent montrer leur jeunesse. Pour se faire des illusions, il faut qu'elle aient la mémoire joliment courte. Voici la Verveine! elle minaude derrière son éventail pour cacher ses mauvaises dents; elle était, il y a quatre ans, domestique, passage des Panoramas. Je me la rappelle encore, avec ses sabots, lavant la boutique le matin ; elle se persuade sans doute à elle-même qu'elle est une fille de grande maison.

Chouchou était en verve : elle continua longtemps et me fit la biographie de toutes ces femmes.

Je la remerciai en moi-même, car il était assez probable que j'étais destinée à faire le tour de ce monde, et il est toujours bon de savoir à qui on a affaire.

J'avais espéré rendre Robert jaloux en allant à ce bal ; mais j'avais perdu ma peine : il me demanda si je m'étais amusée.

Je lui dis que oui.

Deligny était de retour de la campagne, il apprit ma nouvelle liaison. Comme il avait du cœur, il ne revint plus, mais il souffrit beaucoup.

Un jour que j'étais allée à Enghien avec Robert, nous entendîmes un grand bruit dans une salle au premier. Geniol, qui me connaissait, vint me prier de m'en aller. Il me dit que Deligny était en haut avec plusieurs de ses amis; qu'il m'avait aperçue dans le jardin avec Robert; qu'il avait bu, plaisanté, mais qu'il venait de tomber dans des attaques de nerfs; qu'il cassait tout.

— Partez, me dit Geniol; c'est un bon garçon, il vous aime toujours, évitez une scène.

Je voulus aller le voir, Robert me retint, nous partîmes. J'avais le cœur serré et je fus triste toute la soirée.

Le lendemain, j'envoyai savoir de ses nouvelles.

On répondit qu'il était malade.

Après avoir fait de grands efforts pour m'oublier, voyant qu'il n'y réussissait pas, il s'engagea et partit pour l'Afrique.

On m'a souvent reproché ce départ; on a dit que j'avais été cause de sa ruine. Cette dernière accusation est bien injuste : je ne lui ai jamais rien demandé; s'il eût suivi mes conseils, il aurait été plus économe.

Et quant à son départ pour l'Afrique, ce fut un bonheur pour lui, il trouva une glorieuse carrière. Au surplus, il m'a jugée moins sévèrement que le monde, qui s'attendrissait sur son compte. Quand il revint en France, sa première pensée fut de venir me serrer la main. C'était un brave garçon ! aussi résolu qu'affectueux.

A son retour de M..., il était accouru chez moi. Je lui avais dit tout franchement ma liaison avec Robert. Il ne me fit pas de reproches. Il ne s'en prit qu'à lui-même.

— C'est ma faute, me disait-il, je n'ai pas su me faire aimer.

Ses yeux bleus étaient pleins de larmes; il me dit en me quittant :

— Je n'ai que ce que je mérite; de pauvres filles m'ont aimé, je les ai fait souffrir. Elles me disaient : « Ton tour viendra. » Elles avaient raison, vous les vengez. Adieu, Céleste; tâchez d'être heureuse; je n'aimerai jamais une autre femme que vous. Plus tard, dans longtemps, vous reviendrez peut-être à moi. Quoi qu'il arrive, mon cœur vous sera ouvert; adieu.

Il s'était sauvé.

Je ne l'avais plus vu que le jour où Geniol m'avait dit : « Partez, il ne peut supporter votre présence. »

Je parlais souvent de lui. Robert aurait voulu m'arracher ce souvenir qui le rendait jaloux.

Je m'en étais aperçue, et pour exciter l'amour de Robert, je revenais sans cesse à ce souvenir.

Le cœur est ainsi fait.

On est heureux d'avoir une victime à sacrifier à son idole ; c'est une barbarie générale qui existe dans tous les mondes, dans toutes les classes. Nous qui n'avons pas de vertu à donner à celui que nous aimons nous lui donnons un trophée des cœurs qui souffrent pour nous. Le cœur de notre amant s'y attache et grossit la masse pour un autre. Être jeune et jolie ne suffit pas pour réussir à se faire aimer.

Cette moisson est longue à faire ; les unes y sont plus habiles que les autres. On dit que nous n'avons pas de cœur ; sottise et dérision ! Il est dans la conformation humaine d'en avoir un de la même matière, pierre, bronze ou marbre ! vains mots ! Le cœur ne s'use pas, il change d'émotion, mais bat toujours jusqu'à ce que Dieu arrête les battements de cette horloge de la vie. Tout le monde a un cœur et tout le monde n'en a qu'un. Ceux qui achètent un baiser et qui avec leur or donnent leur cœur, ont-ils la prétention d'acheter des âmes ? Ils les dépravent voilà tout !

Pauvres fous ! une femme peut vendre dix baisers ; elle ne peut donner dix cœurs. Cessez donc de gâter les femmes par le luxe la vanité, la jalousie, et vous verrez qu'elles sont toutes capables de bons sentiments; que la plus perdue sent remuer son cœur quand elle aime. Il s'était endormi sous le dégoût; qu'importe? Il se réveille à cet appel marqué par la destinée.

J'aurais voulu me faire grande comme le monde pour que Robert m'aimât. Je mettais ma vie en lui; j'aurais voulu anéantir le passé. Quand je l'attendais, j'étais inquiète, je me faisais mille chimères, je le croyais chez une autre femme. Les heures passées sans lui étaient de la vie perdue; quand je le voyais, tout était oublié. Il était taquin; il s'amusait à voir les progrès de l'ascendant qu'il prenait sur moi. Sans fortune actuelle, il dépensait énormément et faisait des dettes comme beaucoup de jeunes gens de famille.

Je n'étais pour rien dans ses folies.

Depuis le premier jour où je l'avais vu, il m'avait donné une bague; ce que j'aimais en lui, c'était bien lui. Nous sortions quelquefois ensemble le soir; j'étais fière, heureuse, au point d'oublier le passé, l'avenir. Je me serrais contre lui; je l'aimais trop pour qu'il m'aimât ou s'en aperçût. Sait-on si l'on aime quand votre maîtresse vous attend toujours, qu'elle lit dans votre pensée pour prévenir un désir, qu'elle vous suit des yeux, qu'un mot de votre bouche fait sa joie ou sa peine ; on s'y fie, on en abuse. Robert en abusait. Plusieurs mois s'étaient passés ainsi ; chaque jour je l'aimais davantage : tout ce qui n'était pas lui m'était indifférent.

Mon asphyxie manquée m'avait laissé une grande inflammation des bronches ; j'avais la respiration pénible.

— Soignez-vous donc ! me disait Robert.

— Bah ! lui répondais-je, je vivrai plus longtemps que ton amour.

Un matin, son valet de chambre vint le chercher chez moi.

— Il faut que monsieur le comte vienne de suite ; monsieur le marquis est bien mal.

Robert devint pâle.

— Mon Dieu ! mon père !

Il suivit son domestique sans me dire adieu. Mon cœur se serra ; je sentais venir un malheur.

Quelques jours se passèrent sans que j'eusse de nouvelles, ce fut un siècle ; j'étais à bout de courage et de patience ; j'allais le soir à la porte de son hôtel, je regardais, je savais qu'il était là, je rentrais plus calme.

Je lui écrivis combien j'étais inquiète.

Enfin, je reçus une lettre; je la regardais de tous côtés sans oser l'ouvrir. Elle était de lui, mais que disait-elle? Il me fallut faire un grand effort sur moi-même pour la décacheter.

« Ma chère enfant, je vous remercie de votre bon souvenir. Je souffre beaucoup. Quand vous reverrai-je? je n'en sais rien. Un malheur affreux vient de me frapper; quoique je m'y attendisse depuis longtemps, je ne le croyais pas si près.

» Vous comprenez qu'il est des douleurs qui ont besoin d'isolement.

» Robert. »

Il était temps que la lettre finît; mes larmes m'auraient empêchée d'en lire davantage. Il ne m'aimait pas; c'était un adieu. Il me sembla que la vie me quittait.

— C'est impossible, me disais-je, dans quelques jours il viendra; je le reverrai; tout n'est pas à jamais fini entre nous.

J'attendais toujours, j'aspirais tous les bruits du dehors. J'écoutais les passants, les voitures; j'avais envie de sortir, de me distraire; mais s'il venait pendant mon absence... et je restais.

Je n'y tenais plus. Cette existence d'espoir chaque jour déçu était antipathique à ma nature.

Je fus chez ma mère; elle avait fermé le magasin, et était partie avec Vincent.

J'allai chez Frisette. Elle me consola, en me disant que dans un pareil moment, avec un deuil si récent dans le cœur, Robert ne pouvait s'occuper d'une maîtresse, quelque affection qu'il eût pour elle; il avait des devoirs à remplir.

Selon elle, j'étais folle de me tourmenter ainsi.

Il me sembla que Frisette était plus sage que moi, et qu'elle devait avoir raison.

Je pris confiance, et je rentrai un peu plus calme.

Deux amis de Robert vinrent me voir quelques jours après.

— Eh bien! me dit l'un d'eux, Robert vient d'hériter; c'est une bonne affaire pour vous!

— Bonne affaire pour elle? ce n'est pas sûr, dit l'autre, qui s'appelait Georges; il va partir faire son deuil à la campagne, et puis, il faut qu'il pense à se marier.

— Vous l'avez donc vu?

— Oui, à l'église, reprit le premier; il m'a fait de la peine: il était pâle, ses yeux étaient rouges. Il aimait beaucoup son père; mais c'est ce qui pouvait lui arriver de plus heureux.

— Est-ce que c'est jamais heureux de perdre son père? dit Georges en le regardant.

— Dame! quand on a des dettes! Son père avait quatre cent mille livres de rentes; mais il laisse quatre ou cinq enfants... Robert aura cependant une belle fortune. Il ne faut pas lâcher cela, Céleste.

J'étais brisée de tout ce que je venais d'entendre; d'abord, je n'avais compris qu'une chose : c'est qu'il allait partir.

La dernière phrase me rappela à moi; je me redressai pour leur dire que je ne l'aimais pas pour sa fortune.

Ils me rirent au nez et sortirent en me disant :

— C'est égal, ne lâche pas cela, Céleste.

Je demeurai abasourdie : faire un pas vers lui n'était pas possible, sans m'exposer à lui donner une arrière-pensée.

A mes chagrins commençaient à se joindre de nouveaux embarras.

J'avais déménagé à cause de lui; j'étais installée dans mon nouvel appartement. Pour qu'il s'y plût, j'avais fait des dépenses assez considérables; il ne le savait pas et je ne le lui aurais dit pour rien au monde.

Il partit sans me dire adieu; j'étais désespérée. J'ignorais même son adresse; je savais seulement qu'il s'était retiré dans une terre qu'il voulait garder dans ses partages.

Je retournai chez Frisette ; je lui dis :

— Je veux l'oublier ; c'est un ingrat. Viens, courons les fêtes et les plaisirs.

Nous passions les nuits à jouer ; ma santé s'altérait, mais je ne réussissais pas à oublier.

Georges revint. Il me trouva si triste, si changée, qu'il eut pitié de moi. Il me dit :

— Si vous l'aimez tant, écrivez-lui, voilà son adresse.

Quand je fus seule, je lus et relus cette adresse cent fois ; je ne pouvais voir clairement dans mon cœur, et, dans mes résolutions, je ne savais point si je voulais ou si je ne voulais pas lui écrire ; je commençai dix lettres, je les déchirai. Non, disais-je ; quand j'aurai de l'argent, beaucoup d'argent. S'il revenait, s'il voyait la gêne autour de moi, il croirait que c'est par besoin, il me jetterait quelques louis et repartirait.

Je jouais partout, chez les femmes, dans les tables d'hôte ; je serais allée en enfer pour attraper une bonne chance, car j'aurais mieux aimé devoir ma fortune au jeu ; mais le jeu me traitait mal. Je fis la connaissance d'un prince russe, jeune, beau, riche, bon ! Il m'aimait, quoique je ne lui eusse pas caché mon indifférence pour lui.

Quand j'eus payé le plus pressé, que je me vis quelque argent devant moi, j'écrivis à Robert. Je fus heureuse deux heures; je venais de souffrir quatre mois.

« En vous écrivant, mon ami, je ne veux pas vous faire un reproche pour vous intéresser à moi; je vous ai aimé : c'est bien peu de chose qu'un amour comme le mien,; vous aviez le droit de le fouler aux pieds.

» Vous m'avez marché sur le cœur; il a saigné longtemps. Je me suis jetée, depuis votre départ, dans les tripots, ne tuant votre souvenir qu'après avoir épuisé mes forces.

» Aujourd'hui que j'y suis parvenue, je vous demande pardon: Vous ne m'avez pas dit adieu, pas un mot; c'eût été humain. Je ne vous avais jamais fait de mal. Si vous aviez écouté dans votre solitude, vous auriez entendu mon âme crier près de vous.

» J'étais folle de vous aimer ainsi; je savais bien que vous ne pouviez pas me garder; avec un mot de raison j'aurais essayé de me guérir. Vous m'avez brisée sans ménagements. Ne faites jamais cela, Robert; c'est une mauvaise action. Je suis malade, j'ai changé de douleur, ou plutôt, mes douleurs se sont confondues.

» La vie est un livre dont on tourne un feuillet tous les jours. J'aurais voulu m'arrêter au chapitre de nos amours, car je m'étais relevée un peu à mes yeux. Je ne me savais pas capable de tant aimer.

» Je ne veux pas vous attirer ainsi, ou vous dire que je vous attends. Pour vous écrire cela, il faut que tout soit fini entre nous.

» Je n'ai besoin de rien ; je suis presque riche. Je vous souhaite tous les bonheurs du monde, en vous pardonnant votre oubli.

» CÉLESTE. »

Je cachetai cette lettre, je la mis à la poste ; je comptai les heures de son trajet. Au moment où il devait la recevoir, le lendemain, je mis la main sur mon cœur pour en arrêter les battements.

Heureuse lettre ! il la tenait, il la lisait peut-être. Je cachai ma faiblesse à tout le monde.

A Marie seule, ma bonne, à cette fille qui m'avait sauvé la vie, à Marie, je parlais de lui; une fleur, un bouquet fané étaient devenus un trésor.

Je n'avais pas demandé de réponse, mais j'en attendais une.

Marie entra dans ma chambre le lendemain ; je ne pouvais pas encore avoir de réponse, pourtant je regardai ses mains ; elle n'avait rien, que l'air embarrassé. Je lui demandai ce qu'elle voulait.

— Ah! pardon, madame, mais je ne sais comment vous dire cela.

— Quoi donc? lui dis-je, presque impatientée.

— Après ça, madame est si bonne! Voilà ce que c'est : j'ai une sœur de mère qui a dix-sept ans; elle était venue à Paris pour apprendre un état, mais elle s'est sauvée. Je ne sais pas ce qu'elle a fait, mais on l'a arrêtée. Ma mère m'a envoyé un pouvoir pour la réclamer à la maison de réclusion où on l'a enfermée. Elle sort demain ; je ne sais qu'en faire. Elle voulait entrer dans une maison ; ma mère ne l'a pas voulu.

— Ah! votre mère n'a pas voulu? Elle a bien fait.

— Je voulais demander à madame la permission de la loger dans ma chambre, en haut, jusqu'à ce que je lui eusse trouvé une place ou que ma mère vînt la chercher; elle va revenir en service à Choisy-le-Roi.

— Ma pauvre Marie, je le veux bien ; mais elle ne pourra jamais descendre à l'appartement; ma vie n'est pas assez régulière pour que je puisse recevoir ouvertement une femme dans une fausse situation.

Augustine, c'était le nom de sa sœur, sortit le lendemain et vint chez moi ; Marie la fit entrer dans ma chambre. C'était une grande jeune fille, mince, la figure fine, délicate, presque blonde. Je pensai que cette pauvre fille, enfermée au cinquième étage, seule, dans un cabinet, allait s'ennuyer à mourir.

Je dis à Marie de la garder le jour dans sa cuisine, qui était grande et assez éloignée de l'appartement, qu'elle raccommoderait du linge, que je lui donnerais tant par jour et qu'elle serait nourrie, jusqu'à ce qu'elle fût placée. Elle parut enchantée.

Nous reçûmes une lettre de sa mère, qui nous annonçait son arrivée très-prochaine. J'étais contente de la voir partir; j'avais bien regardé sa figure, elle n'avait pas l'air franc, son regard était hardi, elle était paresseuse. J'avais acheté deux robes d'indienne, on eut toutes les peines du monde à obtenir qu'elle fît la sienne. Cependant elle me paya sans le savoir sa dette de reconnaissance. Ce fut elle qui, venant de faire une commission, m'apporta une lettre de Robert que le concierge lui avait remise. Cela était bien simple, et pourtant je l'embrassai de joie; je m'enfermai, sûre que personne ne me verrait; je baisai l'écriture, le cachet

« Ma chère Céleste, je ne vous ai pas répondu

plus tôt, quoique j'en eusse grande envie. Il ne faut pas m'en vouloir; soyez bien persuadée que j'ai de vous le meilleur souvenir, et que vous aurez toujours une bonne place dans mon affection. Mais, ma chère enfant, vous connaissez ma position maintenant; j'ai des intérêts trop graves pour les négliger; je suis obligé de sacrifier mes jouissances présentes pour ma position à venir. Je suis content de vous savoir dans l'opulence; je connais celui dont je suis condamné à envier le bonheur, mais bien certainement il ne sera jamais aussi heureux que je l'ai été près de vous. Je savais que vous étiez souffrante : j'ai des nouvelles de Paris.

» Si, comme vous me le dites, vous avez pour moi quelque affection, vous prendrez soin de votre santé; elle m'est chère. Quand on aime, on cherche à faire plaisir; vous y réussirez en vous soignant.

» J'attends un de mes amis; mon vieux castel va l'effrayer, son aspect est sombre; la nature et le pays sont superbes; mais je crois que ce sont des beautés dont il fera peu de cas. J'aime cette tristesse et cette solitude. J'éprouve une joie mélancolique à me sentir séparé du monde entier; l'imagination la plus froide deviendrait poétique, en face de cette belle nature.

» J'habite une des vieilles tours du château. Ma fenêtre donne sur de magnifiques prairies en fleurs; au milieu coule l'Indre; l'horizon tout autour est fermé par des bois et des forêts splendides. Je voudrais être peintre, je vous enverrais des croquis de mon castel. On aime à deviner l'intérieur des gens auxquels on pense, on les suit presque de loin.

» Enfin, ma chère enfant, ma vie est maintenant tout autre, et je tâche d'oublier un passé trop entraînant.

» Adieu, ma pauvre amie, pardonnez-moi mon bavardage, en raison du plaisir que j'ai à causer une dernière fois avec vous. Soignez-vous bien ; gardez-moi une bonne place dans votre souvenir.

» Je vous embrasse.

» ROBERT. »

Cette lettre me brûlait les doigts et les yeux ; je cherchais un mot de tendresse, je n'y trouvais qu'indifférence et raison.

— Allons, me disais-je en larmes, tout est fini. Tout ce que j'ai fait d'efforts est perdu. Rien qu'en lisant son nom, je sens que je l'aime plus que jamais! Que vais-je devenir?

Marie entra, elle m'annonça que sa mère arrivait dans deux jours. La pauvre fille m'était si attachée qu'elle pleurait quand elle me voyait du chagrin; elle cherchait à me consoler. J'avais un peu de fièvre, je restai au lit.

Sa sœur était sortie sans rien lui dire; elle lui avait pris son plus beau bonnet, son tablier de soie. Marie était inquiète. C'était avec raison, car elle ne rentra pas, elle s'était sauvée. Sa mère arriva. C'était, je crois, son approche qui l'avait fait fuir; elle avait dit à sa sœur qu'elle ne voulait pas retourner avec sa mère. La pauvre femme, qui ne l'avait pas vue depuis longtemps, partit toute triste pour Choisy-le-Roi, où on l'attendait.

Trois jours après le départ d'Augustine, Marie m'apporta une lettre qu'elle venait de recevoir, et qu'elle ne comprenait pas. Il y avait sur l'adresse : « A mademoiselle Marie, chez mademoiselle Céleste. » En tête de la lettre, il y avait : « HOSPICE DE L'HOTEL-DIEU. »

» Mademoiselle, veuillez passer, sous les vingt-quatre heures, reconnaître une personne nommée Augustine... décédée, hier à quatre heures du soir. »

Je lisais bien, mais je ne comprenais pas non plus; il devait y avoir une erreur. Je dis à Marie d'aller voir de suite ce que cela signifiait; qu'il n'était pas possible que sa sœur fût morte.

La pauvre fille paraissait folle ; elle me pria de l'accompagner. Je n'osai lui refuser.

Nous prîmes une voiture. Arrivées à l'Hôtel-Dieu, je présentai la lettre ; on nous conduisit dans un bureau : c'était bien elle que l'on demandait.

Une jeune fille avait été amenée, l'avant-veille, et était morte le lendemain.

Du reste, dit le garçon de salle, vous allez la reconnaître.

— Allez, lui dis-je, je vais vous attendre là.

— Ah ! madame, criait-elle, ne me quittez pas, venez avec moi.

— Voyons, ma fille, du courage, ne pleurez pas comme cela, vous me faites mal, je vais avec vous.

Nous traversâmes une galerie vitrée, nous descendîmes quelques marches ; pendant qu'on ouvrait un caveau, j'écoutais un bruit étrange : les flots de la Seine battaient en passant la muraille ; avec le vent, cela ressemblait à des voix qui chuchottaient ; la porte était ouverte, un froid humide nous vint au visage.

J'eus peur ; je fis un pas en arrière, la pauvre Marie aussi ; le jour était sombre ; le gardien alluma une mauvaise chandelle sur l'escalier. Mes yeux s'étaient habitués à l'obscurité du caveau et je distinguai; il était long, éclairé par des croisées comme des soupiraux de cave, il n'y en avait que d'un seul côté; à droite en entrant, par terre, des deux côtés, il y avait comme des lits en pierre, de distance en distance; les uns étaient plats, les autres formaient un dôme assez élevé.

— Venez, nous dit le gardien, en mettant la main devant la lumière pour nous éclairer et la préserver du vent.

Je pris la main de Marie, nous étions au quatrième lit; l'homme s'arrêta, me donna le flambeau à tenir et enleva le dôme. C'était un couvercle en osier couvert en toile cirée. Je tenais la lumière trop élevée.

— Regardez si c'est celle-là, dit l'homme.

— Ah! madame, fit Marie, en me serrant le bras, ce n'est pas ma sœur.

J'éclairais le cadavre d'une femme que la maladie avait desséchée; c'était un squelette couvert d'une peau presque bleue. Je n'aurais jamais cru qu'on pût arriver à un pareil état de maigreur. Le mouvement que Marie avait fait m'avait donné une palpitation qui m'empêcha de dire un mot. Tous les lits recouverts étaient occupés; je n'osais plus faire un pas.

— Elle y est, j'en suis sûr, dit l'homme, je me serai trompé.

Il leva un autre couvercle et dit :

— Regardez celle-là.

Marie poussa un grand cri que l'écho répéta de voûte en voûte. Elle venait de reconnaître sa sœur! J'oubliai ma peur. Elle avait soulevé la jeune fille dans ses bras, et lui parlait comme si elle pouvait lui répondre et la comprendre. Je voulais l'emmener.

— Non, laissez-moi, je ne veux pas la quitter. Augustine! ma sœur! réponds-moi donc! tu n'es pas morte? Notre mère est à Paris, elle mourrait si elle te voyait; réveille-toi donc!

Et elle secouait ce cadavre, dont la tête allait en tous sens. C'était affreux à voir; jamais cette scène ne put s'effacer de ma mémoire. Sans une gorge naissante qui dessinait la femme, je ne l'aurais pas reconnue. Son corps était couvert de grandes taches noires, ses cheveux coupés ras lui donnaient l'air d'un garçon; je ne pouvais revenir de mon étonnement. Je fis signe au gardien d'ôter Marie de là. Elle poussait des cris lamentables.

— Voyons, lui dis-je, ne troublez pas ainsi le repos des morts; on ne doit pas crier près d'eux. Venez dans la chapelle... Et je l'entraînai hors du caveau, malgré sa résistance.

Je demandai dans quelle salle elle était morte. On m'envoya à Sainte-Marie.

Je voulais savoir quelle avait été sa maladie. Une sœur vint à moi et me demanda si j'étais parente du numéro quinze. Je me souvins de Saint-Louis, où j'étais sous ce numéro. Je répondis que non, que j'accompagnais sa sœur. Elle m'attira dans un coin et me dit :

— Je ne voulais pas raconter devant une parente comment on nous a amené cette malheureuse ; elle avait été ramassée par la garde, à la barrière de l'École ; on l'avait fait boire ; elle s'était trouvée dans une rixe où on l'avait battue, car elle était noire de coups ; on l'a conduite ici.

Un érysipèle s'est déclaré ; je lui ai coupé les cheveux. Elle m'a donné votre adresse, disant qu'elle était domestique chez vous. La fièvre l'a prise ; elle est morte à quatre heures. Consolez sa sœur : je crois que le bon Dieu a eu pitié d'elle en la prenant.

Nous descendîmes. On nous demanda si nous la faisions enterrer, si nous enverrions de quoi l'ensevelir. Je payai trente francs. J'emmenai Marie, que je crus folle pendant quelques heures.

Elle envoya chercher sa mère, à qui elle donna rendez-vous le lendemain, à dix heures, à l'Hôtel-Dieu, pour voir sa fille Augustine, qui était bien malade.

Ce fut encore plus affreux que la veille. La

mère nous attendait à la porte, et dit à Marie :

— Tu ne m'as pas dit le nom de la salle d'Augustine.

Je dis bas à Marie de porter le linge pour sa sœur, de hâter les préparatifs ; je tâchais de gagner du temps. Un garçon descendit, sans doute par un autre escalier, et vint me dire :

— Madame, voulez-vous voir la jeune fille, avant qu'on la cloue ? C'est l'usage, pour s'assurer qu'on n'a pas travaillé le corps.

— Qui donc veut-on clouer? dit la mère de Marie.

Et elle suivit le garçon sans que je pusse l'arrêter. On mettait le couvercle quand elle arriva.

— Où est donc ma fille? Est-ce que c'est elle que vous voulez emporter?

Elle se jeta sur l'homme qui travaillait, le repoussa, se déchira les ongles pour enlever les planches. On céda, car elle avait le droit de voir. Elle écarta le linge, reconnut sa fille, tomba sur elle. On la releva, elle se débattait ; on la coucha sur des matelas à terre.

Marie fit enlever sa sœur, me priant de ne pas abandonner sa mère, qui tombait quelquefois du haut-mal et qui avait une attaque en ce moment.

Quand elle eut repris connaissance, je l'emmenai sans qu'elle se souvînt de rien. Marie lui rappela tout.

Je m'enfermai pour ne plus voir ces figures en larmes. Tout cela m'avait rendue malade; mes palpitations augmentaient; je fus obligée d'envoyer chercher le médecin. Il m'ordonna beaucoup de choses : du repos et de fortes doses de sirop de digitale. Je ne fis que la moitié de ce qu'il m'avait prescrit : au lieu de me reposer, je passai quelques nuits. L'hiver était venu ; je tombai plus sérieusement malade. On fut obligé de me saigner. Je pris le lit.

Une nuit que je pensais à Robert, et que mon cœur battait à son souvenir, je pris machinalement la bouteille de teinture de digitale; au lieu d'en boire les quelques gouttes qui me calmaient toujours, j'avalai tout. Cela me fit un mal affreux; je disais au médecin que je suivais régulièrement ses ordonnances; je n'en faisais rien. Il ne comprenait pas l'impuissance de son art.

Tout le monde disait que je n'irais pas loin, que je m'étais frappée de la mort de Lise. Les personnes qui venaient me voir, ne sachant pas l'état de mon cœur, attribuaient mon dépérissement à cette cause. Ce n'était pas la seule pourtant; il y avait peut-être du vrai dans ce que disaient mes amis. Toutes ces fins malheureuses, qui venaient se grouper autour de moi, m'atterraient. Je ne pouvais dormir sans voir cette fantasmagorie de songes que la fièvre, le chagrin grossissaient. Tantôt je me laissais aller, tantôt je prenais le mal corps à corps et je luttais bravement avec lui ; mais toutes ces fatigues morales ne m'embellissaient pas.

Je savais que Robert avait loué une maison à Mme Zizi, à Saint-James ; que s'il l'avait quittée, il avait toujours soin d'elle et se préoccupait de son sort. Je me demandais ce que cette femme avait pour être si heureuse!... Un jour, qu'assise près d'un grand feu, dans ma chambre, je tâchais de réchauffer mon corps et mon esprit, un coup de sonnette fit trembler la flamme du feu. Marie était sans doute sortie, car un second coup, plus fort succéda au premier. Je me levai de mauvaise humeur d'être dérangée et en disant : « Qui donc sonne ainsi en maître ? je ne pardonnerais cela qu'à une personne au monde. »

XXII

LA CAMPAGNE.

J'ouvris ; je restai pétrifiée !

— Ce n'est pas malheureux, dit Robert, qu'un grand jeune homme suivait ; j'allais recommencer !... nous sommes gelés !...

Je ne bougeais pas de place, tant j'étais saisie, et je les laissai sur le carré.

Robert me prit dans ses bras, m'embrassa et m'emmena dans ma chambre en disant :

— Ah ça ! j'espère qu'il y a du feu ici, et qu'on ne va pas nous mettre dehors sans nous laisser chauffer !... Il paraît que nous ne sommes pas bien venus ! Je vous présente un de mes voisins de campagne, un de mes bons amis, Martin. Je vous l'ai amené, espérant que vous nous feriez meilleur accueil. Je vous demande pardon, mon cher Martin, si je me suis trompé.

Enfin la parole me revint.

— Vous avez bien fait de compter sur le plaisir que j'aurais à vous revoir et sur le bon accueil que je ferais à vous et à vos amis ; j'ai été toute saisie de votre brusque arrivée. Je vous demande pardon du temps que j'ai mis à me remettre, mais j'étais si loin de m'attendre!...

— Bien, bien, dit Robert, si ce n'est que cela, ce n'est rien. Comment allez-vous?

— Mieux, depuis que je vous ai vu.

Il me regarda de côté et reprit :

— Vous dînez avec nous ce soir? Je vous préviens que je reste trois jours à Paris; je me cache chez vous. Voyez-vous toujours Frisette ? Il faut l'inviter, afin que Martin ne s'ennuie pas trop. J'ai beaucoup de choses à vous dire. Voilà près de six mois que je ne vous ai vue; m'aimez-vous toujours un peu?

Il vit sans doute ma réponse dans mes yeux.

— On sonne, dit-il en riant ; si c'est mon remplaçant, je vous préviens que je vais le mettre à la porte.

En effet c'était Jean; il l'avait connu en voyage. Il le reçut de l'air le plus aisé du monde, lui offrit un siége, lui fit les honneurs de chez moi, sonna Marie, commanda en maître. Le pauvre Jean paraissait le plus malheureux des hommes ; il ne savait plus comment sortir. Moi, debout, près de la cheminée, j'étais aussi très-embarrassée de ma contenance. Enfin, Jean prit congé de nous, comme s'il était venu me faire une visite d'ami.

Robert riait comme un fou. Je m'efforçai de devenir l'amie de Martin. Plaire à ceux qui l'entouraient me semblait d'une bonne politique. Le soir j'avais fait sa conquête. Après dîner, je sortis pour donner un ordre ; j'avais bien envie de savoir ce qu'il allait dire de moi : je ne pus résister à la tentation, j'écoutai à la porte.

— Comment la trouvez-vous ? dit Robert.

— Très-bien répondit Martin ; je l'aime bien mieux que celle chez qui vous m'avez conduit hier. Celle-ci a de l'esprit ; l'autre est stupide.

— C'est vrai, dit Robert ; elle est surtout embarrassante.

La curiosité est toujours punie. Cette fois encore, le proverbe n'avait pas menti. Je rentrai pâle. Il était allé chez une autre avant de venir chez moi. Il faisait à un provincial l'exhibition de ses maîtresses. Je ne voulais pas dire que j'avais écouté, mais je ne pus cacher le changement qui venait de s'opérer en moi. Il me regarda plusieurs fois sans comprendre pourquoi je l'attaquais à coups d'épingles.

— Qu'avez-vous donc, Céleste, vous êtes toute drôle ?...

— Je suis drôle, je suis drôle ; c'est vous qui l'êtes ! vous avez rapporté de votre Berri je ne sais quel air campagnard. Vous arrivez comme une bombe ; vous mettez mes amis à la porte, et vous dites que je suis drôle ! Je pense que vous pourriez agir comme cela chez Mlle Zizi, qui est à vos gages, mais qu'avec moi c'est bien sans gêne !

Il ne répondit rien ; il regarda Martin, pensant qu'il avait commis quelque indiscrétion. Le pauvre garçon, qui était la timidité même, se mit les deux mains sur la conscience et répondit à ce regard : « Je vous jure que je n'ai rien dit ! »

Robert ne put s'empêcher de rire de sa naïveté. Il me dit qu'étant arrivé dans la nuit, et n'étant pas assez maître chez moi, il était descendu chez lui. Je ne querellai pas plus longtemps, mais il me sembla que je l'aimais moins. La moindre contrariété me donnait des palpitations, des crachements de sang ! Mon médecin vint le lendemain. Robert lui demanda ce que j'avais :

— Elle a, dit-il, une très-mauvaise tête ; elle ne veut rien écouter ; elle fait tout le contraire de ce qu'on lui dit. Je ne reviendrai plus, car elle va de mal en pis. Elle avait une petite inflammation, elle l'a laissée grandir; ce n'est pas dangereux, mais c'est long, quand on ne s'y prend pas à temps.

Robert fut le reconduire. Martin arriva; ils causèrent longtemps tous trois. Robert rentra; il semblait me regarder avec tristesse. Martin était aux petits soins. Je crus comprendre que j'étais plus malade que je ne le pensais. Je sus seulement que le médecin avait dit que, si l'on pouvait m'emmener de Paris, afin de me forcer à quitter la vie agitée que je menais, il était sûr que la santé me reviendrait. J'avais des sifflements dans la poitrine qui effrayaient tous ceux qui s'intéressaient à moi.

Robert et Martin causaient souvent ensemble; ils me regardaient et semblaient lutter contre une idée. Robert avait retardé son départ de quelques jours. « Il faut pourtant que je m'en aille, » me disait-il chaque matin.

— Partez : je vais recommencer ma vie pour oublier.

— Vous voulez donc vous tuer? vous en viendrez à bout.

— Faites ce que je vous ai conseillé, répondait Martin, je me charge de tout.

— Allons, dit Robert, je ne veux pas me faire prier pour me rendre heureux. Céleste, préparez une malle, je vous emmène à la campagne. Nous partirons ce soir. Je vous cacherai le plus possible. Si l'on vous voit, on supposera que vous êtes venue pour Martin.

Je ne pouvais en croire mes oreilles. Je ne me demandai pas si Robert ne se laissait pas entraîner par un mouvement de pitié qu'il regretterait ! Je ne compris rien, si ce n'est que j'étais la plus heureuse des femmes ; que jamais maladie n'avait causé tant de joie. Je fourrais à tort et à travers mes effets dans ma malle, mettant des bottines sur les bonnets à fleurs. Il riait de voir le plaisir qu'il me faisait. J'en perdais la tête ; je venais de mettre mon petit chien dans la malle. L'heure du départ arriva. Je quittai Marie, en lui recommandant mon appartement. Elle se mit à pleurer ; je la trouvai absurde.

Je partis gaie comme un pinçon. Si Robert ne m'avait emmenée que par pitié, je lui aurais fourni une belle occasion de se repentir en chemin, car la joie m'avait guérie et je me portais comme le le Pont-Neuf d'aujourd'hui.

Martin me donnait le bras pour descendre aux stations, il était galant ! Robert s'approchait de temps en temps, craignant qu'il ne prît trop son rôle au sérieux.

Le chemin de fer n'allait alors qu'à Vierzon. Il

fallait faire encore vingt-cinq lieues pour arriver chez Robert, aussi avait-il laissé sa voiture de voyage à l'hôtel. Son valet de chambre avait commandé des chevaux de poste. Nous montâmes, Robert et moi, dans le coupé. Martin, sans doute pour ne pas nous gêner, prit place sur le siége de derrière, avec Joseph, le valet de chambre.

Il avait neigé la veille ; il faisait un froid noir. Robert ferma les glaces ; notre haleine fit un rideau pour les curieux. Le postillon fit claquer son fouet, la voiture à huit ressorts s'ébranla et roula sur la neige comme sur un tapis ; les roues ne faisaient aucun bruit. Nous allions vite ; les arbres disparaissaient comme des ombres. Je me mis à rêver, je me crus entourée de fantômes. Je ne pouvais plus ressaisir la réalité ; je me croyais endormie ; je ne bougeais pas, dans la crainte de m'éveiller.

Les *Mille et une Nuits* étaient une petite histoire bien simple, tandis que ce qui m'arrivait était un conte, une légende.

La nuit commençait à venir ; je ne voyais presque plus mes chimères, je sentais un malaise ; nous nous arrêtâmes. Je fermais les yeux, je croyais la vision finie ; c'était un relais. On alluma les lanternes.

Le postillon jura d'être obligé de monter en selle

de ce temps-là. Les chemins étaient mauvais. Je serrai les deux mains de Robert, je lui dis tout ce que j'avais au cœur d'amour et de reconnaissance, puis, commençant à éprouver l'influence de la fatigue, je m'endormis sur son épaule.

Tout-à-coup, il se pencha par la portière ; je perdis son appui, et je m'éveillai en sursaut. Il criait :

— Qu'y a-t-il, postillon ? Vous allez nous verser !

Des plaintes répondirent à cet appel. Robert ouvrit la porte et sauta à la tête des chevaux, au moment où ils allaient rouler dans une fondrière. Martin, qui s'était bien entortillé dans la capote de derrière, s'était endormi avec Joseph ; tous deux descendirent et allèrent au postillon, qui gisait dans la neige, à vingt pas de la voiture. Le malheureux était tombé avec le porteur ; il n'avait pu se sauver, ni arrêter les chevaux. La voiture lui avait passé sur les jambes ; il ne pouvait les remuer sans pousser des cris de douleur. Nous étions près du relais, Robert détela un cheval et partit à fond de train pour chercher du secours. Il revint avec un brancard improvisé et un médecin. Il donna quelques louis au blessé, et nous repartîmes avec un autre postillon.

L'émotion, la fatigue, le froid m'avaient engourdie ; je m'étais endormie, mais d'un sommeil agité. Nous avions quitté la grande route, nous étions dans un mauvais chemin, car la voiture faisait des sauts énormes. Je tâchais de voir où nous étions. La nuit était noire ; il me semblait distinguer de grands arbres qui se refermaient du haut en arcades. Nous allions au pas ; mes paupières s'appesantissaient de nouveau. Je sentis une secousse ; en même temps, j'entendis crier :

— La porte, s'il vous plaît ?

Le domestique avait ouvert la grille ; nous roulâmes de nouveau. La lune venait de sortir des nuages ; elle éclairait un beau château. Les tours se dessinaient, sur un fond gris, avec une majesté imposante et sombre. La neige couvrait la terre comme un linceul ; les pins se dressaient comme des tombes ; on eût dit un cimetière avec de grands monuments.

Une porte s'ouvrit ; un homme vint au-devant de nous avec une lanterne ; les chevaux nous entouraient d'un nuage de vapeur.

On me fit entrer dans une grande salle, où la cheminée devait avoir huit pieds de haut. On conduisit M. Martin à sa chambre, dans le bâtiment de droite. Je suivis Robert. Il monta un escalier de pierre, dans une grosse tour, sur la gauche.

Je marchais silencieuse, n'osant pas respirer. L'écho devait être menaçant ! L'aspect du dehors et du dedans me parurent sinistres! Il me semblait voir des ombres se détacher des murs pour me chasser. Nous entrâmes dans une grande chambre où un domestique allumait du feu. Il y avait quatre bougies allumées ; c'est à peine si elle était éclairée. Je vis une chose dont je n'avais jamais eu l'idée : c'est la splendeur du quinzième siècle. Cette pièce, qui pouvait avoir dix mètres carrés, était tendue d'un brocard rouge, garni en haut, en bas et dans les angles de colonnes de bois sculpté et doré.

Des glaces à biseau dans des cadres superbes, des peintures sur les portes, sur les cheminées ; un lit en bois doré, garni de soie pareille à la tenture. Au plafond, tenait une corbeille de fleurs en bois doré, d'où s'échappaient des rideaux de soie, à franges d'or ; des meubles en bois de rose, de laque, en faisaient l'ornement. De grands fauteuils-bergères, rouge et or, complétaient le mobilier. Le lit était en face de la cheminée.

Je fus tirée de mon examen par des cris épouvantables ; je ne connaissais pas ces voix-là, j'en fus très-effrayée. Robert se mit à rire ; il me dit que, dans la pointe de la tour, il y avait des nids de chouettes ; que souvent, la nuit, elles faisaient ce tapage.

Je répondis que j'étais fâchée qu'elles le fissent

le jour de mon arrivée ; que c'étaient des oiseaux de malheur !

Le feu pétillait dans l'âtre, le sapin résineux claquait ; cela me fit oublier les chouettes, qui furent silencieuses le restant de la nuit, et le matin, quand je m'éveillai, je fus longtemps à me reconnaître. On sonnait une cloche : c'était celle du déjeuner. Martin vint me chercher pour me conduire à la salle à manger. Nous traversâmes la grande salle de la veille, un billard, un énorme salon, un petit salon, et nous arrivâmes à la salle à manger. Après déjeuner, Martin me conduisit partout. Le soleil avait changé l'aspect de la nuit. Une vigne vierge enlaçait les tours, les arbres verts semés dans le parc égayaient un peu la tristesse des hivers. Le château était sur une hauteur et laissait voir à ses pieds une énorme vallée. La neige était à moitié fondue.

Allons voir les chevaux et les chiens, dit Martin, qui n'était pas fâché d'agir en maître. Les écuries étaient superbes, bien tenues. La première était de dix chevaux. Chaque stalle était garnie d'un cheval qui ne valait pas moins de trois à quatre mille francs.

Tous avaient des camails marqués aux armes de Robert. On me fit voir la remise. Six voitures des plus belles étaient dessous. Nous sortîmes dans une autre cour. Les chiens, à l'approche du maître, se dressèrent à la grille. Jamais je n'en ai vu de plus beaux. Ils étaient blanc-orange, et ils avaient de bonnes grosses figures qui donnaient envie de les caresser.

Nous revînmes par le potager. J'ai toujours adoré les fleurs. Je cueillis des monceaux de violettes. Tout cela m'avait émerveillée. J'avais rencontré tant de monde ! cochers, grooms, cuisinier, jardinier, hommes d'écurie, valet de chambre, filles de basse-cour, piqueurs, valets de chiens, gardes, que je me disais : « Mon Dieu! quelle fortune il faut avoir pour payer tout cela ! » Je n'y étais pas depuis quatre jours que je vis ce qui en était. Robert ne pouvait continuer ce train, s'il ne se mariait à une femme riche. Il avait vécu dans un intérieur où il y avait quatre cent mille livres de rente. Cela s'était partagé en six. Cette terre, qui était toute sa fortune, ne valait que vingt-cinq mille livres de rente, et, bien administrée, eût à peine rapporté deux pour cent.

Il s'était mis entre les mains des juifs et des usuriers, qui lui avaient peu donné, mais à qui il devait beaucoup. Plutôt que de rompre avec ces gens-là qui le grugeaient, il se laissait entraîner par de nouvelles offres.

Les juifs des Champs-Élysées avaient toujours

un cheval extraordinaire, qui arrivait de Londres tout exprès pour lui. On ne se contentait pas de lui écrire, on venait le relancer jusque chez lui. J'ai vu, pendant mon séjour, un certain brocanteur de Belgique, qui faisait tout exprès le voyage du Berri.

Quand un trafic lui manquait, l'autre réussissait. Il faisait de tout!... de la banque où on ne voyait jamais d'argent, des échanges dont il était le seul à profiter.

Robert ne savait pas se débarrasser de toutes ces sangsues. Il avait dix-sept chevaux... J'avais peur pour lui. Il adorait la chasse... C'est encore un plaisir fort cher. Il courait à sa ruine les yeux fermés. Quelquefois pourtant il était triste ; mais cela ne durait pas longtemps. Il avait trop de cœur pour savoir compter. Il était bon ; pourtant il avait des moments de brutalité; il me disait des choses dures, que j'aurais peut-être pu éviter si je n'avais pas répondu. Je faisais mon possible pour éviter les occasions de scènes.

Je tâchais de réformer mes habitudes et de prendre celles de Robert.

Le premier jour, je fus très-malheureuse d'avoir derrière moi ce grand maître-d'hôtel. Derrière encore ce n'était rien ; mais quand il se mettait devant moi, je n'osais plus manger. Il me prenait mon assiette en même temps que celle des autres. Le dîner fini, j'avais très-faim.

On restait deux heures à table. Une fois, je m'en souviens, j'avais envie de m'en aller. J'avais fait un mouvement pour me lever. Robert m'avait regardée et m'avait dit d'un ton sévère :

— Où allez-vous ? Règle générale, on ne se lève de table qu'avec le maître de la maison.

J'étais devenue pourpre ! Quand, dans la journée, il venait un fermier, un paysan pour affaires, Robert me renvoyait en me disant :

— Enfermez-vous dans votre chambre, je n'ai pas besoin que tout le monde vous voie.

Je reçus une lettre de Marie, qui me disait :

« Madame ferait bien de revenir ; elle était malade lorsqu'elle a quitté Paris ; on dit partout qu'elle est morte. Plusieurs de ses amis sont venus voir si c'était vrai. »

J'en parlai à Robert, qui était sans doute de mauvaise humeur. Il me répondit :

— Eh bien ! partez, vous êtes bien portante ! Qui diable voulez-vous qui s'occupe de vous ? vos amis de Mabille ? J'aime à croire que vous y tenez peu.

— C'est ce qui vous trompe. Peu m'importe que mes amis soient des amis de Mabille ou d'ailleurs; s'ils pensent à moi, je leur en suis reconnaissante... Tenez, Robert, soyez franc. Vous m'avez amenée, vous le regrettez; vous voudriez que je partisse. Eh bien! je m'en irai demain.

J'avais beaucoup de courage en lui disant cela, mais, au fond de l'âme, j'espérais qu'il refuserait. Il accepta. Je pensai que, le lendemain, il me retiendrait. Le lendemain, il causa longtemps avec moi; il était triste.

— Je ne regrette pas de vous avoir amenée, Céleste, puisque vous allez mieux. Seulement j'ai joué un jeu dangereux pour mon repos. Je vous aime beaucoup, mais il faut que je me marie. Une de mes parentes m'a écrit à ce sujet. C'est pour cela que je vous laisse partir. Je vous écrirai; nous serons bons amis.

J'avais le cœur gonflé, mais je ne pouvais m'empêcher de comprendre qu'il avait raison. On me conduisit le lendemain à Châteauroux avec ma malle.

Quand la voiture dépassa la grille, tout mon courage me quitta. J'avais envie de lui demander pardon, de le supplier de rétrograder. Dieu! comme j'ai souffert pendant ce trajet! Arrivée, je pris une place dans une diligence faisant le service de Vierzon. Je ne pouvais plus retenir mes larmes!... Robert m'embrassa et me quitta brusquement; mais si rapide qu'eût été son mouvement pour se retourner, j'avais eu le temps de voir ses yeux humides.

Quel contraste entre mon retour et le voyage que j'avais fait quelques semaines auparavant! Aux enchantements de l'amour heureux et de la vanité satisfaite, succédait la plus froide, la plus amère, la plus implacable déception. Il y a des joies qu'il ne faudrait pas éprouver, quand on doit les perdre! Il y a des horizons qu'il vaudrait mieux ne pas entrevoir, quand on est obligé de leur dire adieu! Cette grande existence qu'il m'eût été si doux de prolonger, jamais elle n'avait été faite pour moi. Le sort m'avait ironiquement permis de voler quelques instants de ce bonheur, moins pour me donner une joie passagère que pour me laisser d'éternels regrets. C'était un mirage, il avait fui. J'étais retombée lourdement dans la réalité médiocre de ma vie de bohémienne. Au lieu de cette splendide voiture, où je roulais si doucement sur de moelleux coussins à côté de lui, j'étais seule, cahotée dans une mauvaise diligence. Du même coup j'avais perdu ce qui faisait mon bonheur et ce qui faisait mon orgueil.

Aujourd'hui, du reste, que des années me séparent de ces émotions, je suis bien aise de les avoir éprouvées. Quand ces brusques transitions n'énervent pas complétement le cœur, elles le relèvent et le fortifient. Elles vous donnent sur vous-même une force dont on apprend plus tard à se servir sur les autres.

Je souffrais d'autant plus que je voyais clair dans ma situation. Je n'avais pas eu le vertige et j'avais gardé mon bon sens. Je n'en voulais pas à Robert; mais l'idée qu'une femme allait s'établir près de lui me brûlait comme un fer rouge. Je me disais : « S'il m'aimait, il serait moins ambitieux, il me garderait! Pourtant il pleurait en me quittant. S'il m'aime, il reviendra. »

J'étais arrivée... Mes raisonnements ne me suffisaient plus pour retrouver un peu de calme, et je continuais à souffrir cruellement.

On avait dit dans tout Paris que j'étais morte. Adolphe, de retour de Metz, où il avait vécu depuis notre séparation, était arrivé chez moi tout défait, tout pâle! Entré dans mon salon, sans parler à Marie, il causait avec mon portrait.

— C'est donc vrai, pauvre fille, je ne te verrai plus? je suis revenu trop tard!

Marie lui disait :

— Trop tard! Pourquoi donc, monsieur?

— Mais pour voir Céleste avant qu'elle ne

meure!... Je l'ai bien aimée, allez! je l'aime encore.

— Monsieur a raison, dit Marie; mais madame se porte bien : elle est à la campagne et m'a écrit hier.

Il l'embrassa de joie et partit laissant son adresse.

J'étais à peine réinstallée chez moi, qu'un agent du quartier de la Madeleine vint me demander. On lui dit que je n'y étais pas. Il s'éloigna en grommelant et en disant qu'il me trouverait bien. Marie me prévint.

Je pris aussitôt mon parti. Il y a toujours eu en moi une telle ardeur d'existence, une telle force de vie, que je ne puis rester longtemps sous l'impression d'une inquiétude ou d'une douleur. Je m'agite jusqu'à ce que j'aie retrouvé l'équilibre de mes facultés, sentant bien que si la souffrance s'acclimatait dans mon âme, elle me rendrait folle ou me tuerait.

Je me décidai à partir, à faire un voyage. J'allai chez le commissaire de mon quartier. Je pris un passe-port avec deux témoins, et je fis dire à Jean que je voulais aller au Havre. Je le priais de m'accompagner.

Il accepta. Mon passe-port, visé du Havre, était une garantie pour ne pas être punie si j'étais prise; je pourrais prouver que j'avais été absente. Nous partîmes le soir même.

XXIII

LE HAVRE-DE-GRACE.

Le cœur est une singulière énigme; je m'aperçus, en arrivant au Havre, que j'avais eu pour m'éloigner de Paris un motif dont je ne m'étais pas rendu compte à moi-même. C'était un prétexte pour *lui* écrire. Datée du Havre, et motivée par un voyage, ma lettre semblerait plus naturelle. Aussi, la première chose que je fis, en descendant à l'hôtel, fut de demander du papier et de l'encre.

« Mon cher Robert, les raisons qui nous ont séparés sont si bonnes, que vous avez vu ma résignation. Pourtant, il ne faut pas demander à la créature humaine plus qu'elle ne peut! Je pense plus à vous que jamais. Grâce à vos soins, j'ai recouvré la santé. Je ne veux plus faire ces excès qui me rendaient si malade. Le chagrin qu'on étouffe un jour revient le lendemain plus fort. J'ai retrouvé l'amitié de Jean. Je suis ici pour quelques jours; si vous aviez quelque chose à me dire, vous pourriez m'écrire. Pensez à moi.

» Céleste. »

Je n'avais jamais vu la mer; j'éprouvai que ce spectacle était bien grand, car il me consola. Mon admiration était mêlée d'un sentiment de tristesse et de mélancolie. L'aspect de la mer me rendait triste, tout en faisant une distraction à mes peines. Je me demandais comment des gens avaient le courage de confier leur vie à ces grands berceaux, appelés navires, qu'une vague soulève doucement un jour et peut engloutir le lendemain; vivre des mois entiers entre le ciel et l'eau m'aurait paru au-dessus de mes forces. L'hôtel où j'étais descendue donnait sur la jetée; je voyais loin en mer. A force de fixer le mouvement des vagues, il me sembla remuer comme elles; je pris ma maison pour un vaisseau; j'eus peur, j'arrachai ma pensée et mes regards à ce tableau; je rentrai et fermai ma fenêtre. Il faisait froid; mais la journée était belle.

Jean vint me demander si je voulais faire une promenade en mer avec d'autres voyageurs.

— Non, dis-je en me serrant dans mon manteau, par un mouvement nerveux d'appréhension ; j'aime mieux marcher.

Je pris son bras et nous sortîmes.

J'achetai une foule de chinoiseries. Un coup de vent nous enveloppa si fort que je faillis être enlevée comme un ballon avec mes acquisitions. L'air qui s'engouffrait sous mes jupes m'inquiétait bien un peu ; mais je ne voulais pas lâcher mes petits pots ! Je marchais plus vite que je ne voulais ; heureusement, nous étions poussés du côté de la maison.

Le temps devint si noir qu'il faisait presque nuit à deux heures. J'arrivai sans accident ; je rangeai sur un meuble les fantaisies dont je venais de faire emplette. Le vent battait les maisons et les vitres en sifflant comme une furie.

— Quel temps! dis-je à Jean, comme j'ai bien fait de ne pas aller me promener en bateau, avec votre mer qui était comme une glace.

— Oui, me dit-il, c'est une vraie tempête ! c'est beau à voir, regardez !

Je m'approchai de la fenêtre, je fus effrayée ! Pourtant cette émotion me plaisait. Les grandes voix de la nature calment, en s'harmonisant avec elles, les voix des passions qui grondent sourdement dans nos cœurs.

— Vous trouvez cela beau ? lui dis-je ; mais c'est à vous faire mourir de peur ! Ces pauvres gens qui sont sortis, que vont-ils faire avec leur coquille de noix, contre une pareille bourrasque ?

— Bah ! il n'y a pas de danger... ils ne doivent pas être loin !

Les flots arrivaient comme des montagnes, se brisaient sur la plage ; d'autres les suivaient, semblaient les écraser, et se retiraient en mugissant. Plus loin, au large, nous voyions d'immenses masses d'eau s'élever avec fracas et retomber sur elles-mêmes en entr'ouvrant de grands abîmes qui semblaient plonger jusqu'au fond des mers.

Parfois, il me semblait distinguer la pauvre petite barque comme un point noir.

— Les voilà, disais-je !... Ils s'enfoncent !

— Non, non, me disait Jean, ce sont des lames !

— Mon Dieu ! mais si un de ces géants les enveloppe, ils sont perdus !

Oubliant le froid, nous ouvrîmes la fenêtre. Beaucoup de monde était sur la porte au-dessous de nous ; chacun, le cou tendu, l'œil fixe, cherchait les promeneurs.

Dans la foule, un homme se désolait et disait :

— Mon Dieu ! pourquoi ai-je permis à mon fils de sortir ? ils sont perdus !

Il pleurait ; il était bien vieux. Ses cheveux étaient tout blancs... il me fit mal... je partageais sa peine ; la barque m'intéressa encore davantage ! J'avais de bons yeux ; je les plongeais dans le lointain, pour tâcher d'apercevoir les promeneurs.

Ce fut moi qui les vis la première. J'étais si émue que, pour dire au pauvre père : « les voilà, » je faillis tomber par-dessus le balcon. Je l'engageai à monter près de moi pour qu'il vît mieux. On s'était procuré des lorgnettes ; cela ne lui servait à rien : il avait la vue trop basse pour rien distinguer. Je lui indiquais tous les mouvements que faisait la barque. La vieillesse et l'enfance se ressemblent.

Quand je disais : « ils avancent, » le pauvre vieillard riait, me serrait les mains ! Quand je les perdais de vue, il me poussait et semblait me faire un reproche, comme si je les eusse empêchés d'avancer.

— Les voilà ! je les revois ! ils luttent avec peine, mais ils avancent !

Il m'attirait à lui, me serrait presque dans ses bras, et me disait :

— Regardez, mon enfant, regardez bien !

Cent fois, je les crus coulés. Ils étaient assez près pour que je les visse rouler comme une plume, monter, descendre! Ils étaient près, mais sans pouvoir aborder. Deux heures se passèrent ainsi, deux heures d'angoisse. Enfin, ils arrivèrent, pâles, défaits, brisés par la fatigue et par l'émotion.

Le vieillard me quitta, courant aussi vite que ses jambes le lui permettaient, pour aller embrasser un beau grand jeune homme, qui pouvait avoir vingt-cinq ans. Je me disais en le voyant partir :

— Ingrat comme un enfant! il ne me remercie pas d'avoir partagé ses terreurs.

Mais le soir, à table d'hôte, il vint se mettre près de moi. Son fils me remercia de l'intérêt que je lui avais porté et du service que j'avais rendu à son père.

Je m'étais trompée : au lieu d'une conquête, j'en avais fait deux. Le père n'avait pas cessé de parler de moi! Il me trouvait charmante, adorable! J'étais jolie! je vous ai dit qu'il avait la vue basse! J'avais un esprit d'ange! je ne lui avais pourtant dit que quelques mots, mais je les avais répétés à satiété :

« Ah! les voilà, ils sont sauvés! Ah! mon Dieu, je ne les vois plus! Si, les voilà! ils avancent! »

Le fils avait sans doute l'habitude de penser

comme son père. Il devint plus qu'assidu, et, au bout de deux jours, il me déclara tout net qu'il était amoureux fou de moi.

Jean voyait bien ce petit manége, et, ce qu'il y a de plus singulier, c'est qu'il le protégeait en se retirant. Il détestait Robert; il se serait sacrifié à tous mes caprices pour me faire oublier un seul nom, un seul souvenir.

Mon naufragé n'avait pas grand esprit; il commençait à m'ennuyer beaucoup! Il m'écrivait de si drôles de lettres que je ne pouvais m'empêcher de lui rire au nez. Quand je le rencontrais, il voulait toujours m'enlever, ou par terre ou par mer, cela lui était égal; il ne parlait de rien moins que de m'épouser, sûr, me disait-il, que son père lui pardonnerait un amour que lui-même avait fait naître. N'étais-je pas l'ange qui l'avait sauvé des flots par mes prières? Pourrait-il repousser celle qui avait sauvé la vie de son fils?

Je dis à Jean que je voulais dîner chez moi. Il me demanda pourquoi je ne voulais plus descendre. Je lui répondis que le père et le fils étaient fous; qu'ils voulaient absolument faire de moi un ange; qu'ils méditaient un enlèvement, ce qui m'obligeait à prendre des précautions, pour ne pas les exposer à une si mauvaise capture.

— Je croyais que cela vous amusait? dit Jean.

— Je ne m'amuserai jamais aux dépens des gens qui m'aiment; si je fais souffrir quelqu'un, ce sera involontairement.

Je le regardai en disant ces mots, car ils étaient à son adresse. Il ne répondit rien.

Jean avait un ami au Havre. Après dîner, il me demanda la permission d'aller le voir une demi-heure.

Il était à peine sorti que la porte s'ouvrit. Je crus que c'était lui qui revenait; je ne quittai pas même ma lecture. J'entendis donner un tour à ma serrure; je me retournai, et je vis mon naufragé, plus pâle que le jour où il était revenu de sa promenade.

— Pourquoi n'êtes-vous pas descendue dîner?.. me dit-il d'un air effaré; vous me fuyez, n'est-ce pas?..

Il était vraiment effrayant. Je crus prudent de lui parler doucement; je lui dis que je n'étais pas descendue parce que j'avais mal à la tête.

— Pourquoi ne m'avez-vous pas prévenu ?

L'aplomb naïf avec lequel il démasquait ses petits plans de tyrannie m'étonna tellement, que je fus quelques minutes sans savoir que répondre. Il reprit :

— Vous n'êtes pas descendue pour me faire souffrir; vous êtes une coquette, comme toutes les Parisiennes. Vous vous faites aimer des gens afin de les tourmenter. Je vous aime et ne m'arrangerai pas de cela; j'ai vu votre passe-port, vous êtes libre; vous allez quitter ce monsieur et me suivre, ou je lui cherche querelle.

Il était du Midi et paraissait avoir mauvaise tête.

La conversation commençait à prendre une tournure inquiétante. Jean pouvait rentrer. Il était d'un caractère froid, mais il était amoureux et ne céderait pas à un nouveau venu, comme il avait fait à Robert, qui avait des droits antérieurs. Je ne vis qu'un moyen : lui dire du mal de moi :

— Voyons, mon ami, ne vous montez pas ainsi la tête ! Vous rencontrez une femme avec un homme qui n'est pas son parent, cela ne doit pas vous donner bonne opinion d'elle... Au lieu de vous raisonner, vous vous mettez à l'aimer comme un fou, vous voulez l'enlever, l'épouser, vous battre; et pour qui, je vous le demande?.. Vous n'en savez rien !.. Je vais vous le dire... Pour une fille qui a gâché sa jeunesse, qui n'est digne de l'intérêt de personne, que l'on prend et que l'on quitte, qui pourrait abuser de vous et vous entraîner dans cette vie infernale, d'où l'on ne sort qu'après avoir laissé ses illusions, sa fortune, quelquefois son honneur; enfin, pour Mogador!

Je croyais que ce nom allait l'épouvanter; il me dit :

— Mogador! je ne sais pas ce que c'est; mais je vous aime! peu m'importe ce que vous avez été, je vous aime. Je n'habite pas Paris, vous cacherez votre passé dans mon pays. Venez avec moi, ou je vous suivrai partout, même à Paris, dans ce gouffre dont vous croyez en vain me faire peur. Vous me verrez toujours.

— Eh bien! lui dis-je, soyez raisonnable... attendez quelques jours; la personne avec laquelle je suis venue au Havre va partir; quand je serai seule, nous verrons. Seulement, je ne veux pas lui faire de peine; il ne faut pas qu'il vous trouve ici. Sortez; mais, pour Dieu, calmez-vous, et, jusque-là, ne faites point de folie.

Il me le promit en m'embrassant les mains!... Il paraissait bien heureux! Jean rentra quelques minutes après et me dit tout surpris :

— Tiens! vous faites votre malle?...

— Oui; nous partons demain, au petit jour.

Personne n'était levé dans l'hôtel, que j'en sortais, laissant un regret pour ce pauvre garçon, qui m'aimait au moins autant que j'aimais Robert.

XXIV

UN BAL MASQUÉ A L'OPÉRA. — VICTORINE,
DITE LA PANTHÈRE.

Je n'étais restée que dix jours absente ; il me semblait que des années s'étaient écoulées. J'approchai de mon logement avec des battements de cœur. Peut-être avais-je une lettre de Robert !... Le concierge m'en remit une.

Jean prit congé de moi sans que j'y fisse attention. Je dévorais ma lettre en montant. Elle était longue ! Robert me félicitait de la manière dont je prenais mon parti de sa perte. Il me disait que cela lui était moins facile qu'à moi, qu'il n'avait personne pour se consoler.

Cette lettre, je la lus plusieurs fois. Il était jaloux de moi. Un éclair de joie monta de mon cœur à mon cerveau ! Il était jaloux. J'avais barre sur lui. Je ressentis un immense bonheur, parce que j'eus, pour la première fois, conscience entière de ma force. L'amour est le tyran du monde, mais devant la jalousie, il n'est plus qu'un pauvre enfant tremblant. On s'est effrayé, de notre temps, de l'empire que certaines femmes ont pris sur le caractère de leurs amants, et des ravages qu'elles ont faits dans leur existence. On a crié au miracle : on a cherché l'explication dans des contrastes impossibles. D'une part, on a supposé des monstres de cruauté et de sécheresse de cœur; de l'autre, des prodiges de niaiserie et de faiblesse. On s'est doublement trompé. Les données générales du cœur humain suffisent à tout expliquer. Quand la jalousie ne tue pas l'amour, elle l'aiguillonne : c'est le fouet des furies; l'âme qui a une fois senti ses lanières ne s'appartient plus. Il y a de pauvres femmes qui souffrent et qui meurent sans se douter de cela. Je connaissais trop le monde pour ne pas profiter de mon expérience, dans l'intérêt de cet amour qui remplissait mon cœur.

« Pour le ramener à mes pieds, me disais-je, je n'ai qu'un moyen : le tourmenter. » Et, comme je l'aimais beaucoup, je fus impitoyable.

Mes lettres pouvaient laisser à désirer sous le rapport du style et de l'orthographe, mais j'affirme qu'elles étaient des chefs-d'œuvre de coquetterie. Je réussis au gré de mes désirs. Au bout de huit jours, il était plus épris que jamais, et m'écrivait :

« Ma chère enfant, j'arrive passer deux jours à Paris. Je descends à l'hôtel Chatam; si vous pouvez disposer d'une heure pour moi, vous savez tout le plaisir que j'aurai à vous voir. »

C'était un dimanche; le boulevard était plein de monde, je voulais aller vite, et ne réussissais qu'à me faire bousculer par les passants. Arrivée à la porte de Robert, je tâchai de me remettre pour avoir l'air calme, même froid. Il m'embrassa et, me regardant bien en face, il me dit :

— Est-ce que vous ne m'aimez plus, Céleste?...

— Si, lui dis-je; mais il faut bien que je me fasse à l'idée de ne plus vous voir, puisque vous allez vous marier.

— Non, me dit-il presque joyeux, je ne me marie pas : j'allais, sans m'en douter, faire un très-sot mariage. Ma bonne étoile m'a sauvé. Une femme de chambre m'a appris, sur le compte de ma fiancée, des choses... que ses parents ne m'auraient certainement pas dites. Ce sera pour plus tard.

— C'est pour cela que vous me revenez?

— Oui, un peu, et beaucoup parce que je vous aime.

— Vrai, Robert?

— Vous le savez bien!

— Jamais assez...

Nous passâmes huit jours ensemble; il ne me quittait pas. J'avais écrit à ce pauvre Jean pour lui éviter une rencontre, et, fidèle à ses habitudes d'abnégation devant les droits acquis, il n'était pas venu me voir. Robert était obligé de retourner en Berri.

— Je vous emmène, me dit-il.

Il n'avait pas besoin de me dire : « Voulez-vous venir? » Je passai deux mois près de lui. Il reçut une lettre qui lui annonçait l'arrivée d'une de ses parentes.

Pour moi, cette lettre était un ordre de départ. Je le compris. Il m'annonça cette nouvelle avec tous les ménagements possibles.

— Retournez quelque temps à Paris, me dit-il; dès que je serai seul, j'irai vous chercher.

Je me doutai bien que cette visite cachait quelque nouveau projet de mariage, et que Robert ne me disait qu'une partie de la vérité. Je cherchai la lettre et n'eus pas de peine à la trouver. Mes pressentiments ne m'avaient pas trompée. Il s'agissait d'une alliance proposée, qui devait se nouer par les soins d'une amie de sa famille.

Je revins à Paris et lui écrivis que je n'étais pas dupe de ce qu'il m'avait dit. Il resta quelque temps sans me répondre. Le pauvre garçon cherchait sans doute à affermir sa résolution. J'étais bien moins inquiète que la première fois.

Un pressentiment me disait que tous ces mariages manqueraient. Je marchai résolûment dans la voie que je m'étais tracée : je faisais au cœur de Robert une guerre terrible par mes folies et mes excentricités. J'allais partout, aux bals, aux concerts, aux spectacles. Cette époque est la plus agitée de ma vie. Mon esprit, du reste, était devenu plus réfléchi, et dans le monde nouveau que je voyais, tout pour moi était un objet d'étude. En sortant du théâtre, nous allions presque toutes les nuits souper au café de Paris. Ces beaux salons aux vases dorés garnis de fleurs resplendissaient de lumières. Le repas, préparé d'avance, ressemblait à une féerie. Les convives étaient jeunes, riches et élégants. Leurs noms étaient les plus beaux noms de France ; mais leur vie était frivole, leurs caractères étaient capricieux et changeants. Ce monde ne ressemblait en rien à celui que j'avais vu pendant que j'étais à l'Hippodrome.

Léon et ses amis, tous fils de marchands très-honorables, de bourgeois très-honnêtes, étaient pédants, orgueilleux. Ils déblatéraient contre la noblesse, mais c'était par jalousie.

Tous ceux que j'ai connus auraient acheté de leur sang le droit de mettre à la porte de leur maison de commerce : « Le marquis un tel, tailleur. Monsieur le comte un tel, marchand de bois. » Ils avaient de grandes fortunes, mais il manquait quelque chose à leur bonheur : un petit bout de blason pour enjoliver les factures de leurs papas.

Ce qui me plaisait le plus dans mes nouveaux amphitryons, c'est qu'ils étaient presque tous liés avec Robert. Je les avais connus avec lui, chez lui; de cette façon j'étais sûre qu'il serait tenu au courant de ma conduite, et que pas une de mes extravagances ne serait perdue pour lui.

Le hasard est le plus habile des machinistes. Il arrange des combinaisons bien curieuses. Dans le tourbillon où j'étais de nouveau lancée, je faisais chaque jour de nouvelles connaissances. Dans cette vie-là, les amis et les amies disparaissent comme des ombres; on finit par se rencontrer sans se dire bonjour.

Je me liai avec une femme plus âgée que moi. Il y avait dans le caractère de cette femme et la disposition présente de mon esprit, des analogies qui me la firent étudier attentivement. Deux ans plus tôt ou deux ans plus tard, elle aurait traversé ma vie, je n'y aurais probablement pas pris garde ; mais à cette date précise elle exerça sur moi une sorte d'influence.

Je ne trouvais pas sur sa figure les restes d'une grande beauté ; pourtant elle avait été une des femmes les plus à la mode. Elle était riche et regardait avec mépris cette vie qu'elle avait quittée. Peut-être avait-elle été bonne et était-ce à force de méchancetés qu'on l'avait rendue méchante, ce qui arrive souvent. Toujours est-il qu'elle dépeçait ses chères amies de la bonne façon, et cela avec tant de verve, qu'il ne leur restait que les os ; « Encore disait-elle, je les abandonne parce qu'ils sont gâtés. »

Cette Panthère, si féroce pour tout le monde, m'avait, je ne sais pourquoi, prise en grande affection. Un soir, je voulus l'emmener à l'Opéra.

— Non, me dit-elle, je ne ferais pas mes frais !

— Pourquoi ?

— Parce que les gens d'esprit n'y vont plus, ou, s'ils y vont, ils mettent un faux nez.

— Ils l'ôteront pour vous ! Venez, vous me ferez bien plaisir !...

— Je vous ferai bien plaisir ! Je ne demande pas mieux ; mais il y a cinq ans que j'ai donné mon domino de taffetas noir à une pauvre fille pour porter le deuil de sa mère.

— Nous en louerons un.

— Allons, je me laisse faire. Nous souperons avant ; je ne veux pas, si je rencontre d'anciens amis, je ne veux pas qu'on dise la Panthère est édentée ! Un verre de champagne, un masque et gare à ceux qui me tomberont sous la dent.

Après le souper, je la regardai avec une certaine inquiétude : ses yeux brillaient. Si elle n'avait bu qu'un verre, il était grand ! Sous le vestibule de l'Opéra, elle arrêta un homme qui suivait plusieurs dominos, dont il portait le manteau. Elle lui dit :

— Pas si vite, Gerbier, on dit bonsoir à ses amies. C'est la seconde fois que tu affectes de ne pas me voir, en plein jour, à l'Hippodrome ; je te pardonne ce manque d'égards, et puis je crois avoir remarqué que tu étais de mauvaise humeur. Avoue que tu as pris cette chasse au cerf pour une personnalité ?

Le monsieur, qui pouvait avoir cinquante ans

et qui bégayait un peu, lui dit de se taire, qu'il n'était pas seul !

— Oh ! monsieur est en famille aujourd'hui ; on fait sortir la petite de pension, on vient au bal de l'Opéra pour lui former le cœur et l'esprit.

Le monsieur se jeta dans la foule pour se débarrasser d'elle. Je lui demandai :

— Qui est donc ce monsieur ?

— Un imbécile ! A son âge, il se fait le groom d'une actrice. Je déteste les actrices en général et celle-là en particulier.

— Pourquoi ?

— Parce qu'elle n'est pas bonne !

— Comment pas bonne ? bonne actrice ou bonne femme ?

— Les deux sont mauvaises. Le talent, pour la plupart de ces dames, n'est qu'un détail. Le théâtre ne les enrichit pas, il les ruine. Elles ne s'en retireraient pas sans les subventions de l'étranger. Qu'est-ce que la scène, à part quelques rares exceptions ? un étalage.

— Toutes ne sont pas comme cela...

— Oh ! non, me dit-elle en riant ; je laisse de côté les vieilles, et si cela vous fait bien plaisir, une sur cent parmi les jeunes ; mais le reste vit sur le fonds commun de la luxure européenne. Celle que vous venez de voir passer fait beaucoup avec Londres, Vienne et Saint-Pétersbourg. Elle est toujours en route. Son commerce est un commerce d'exportation. Au surplus, c'est une tradition dans cette famille. Elle fera comme sa mère ; elle perdra sa fille ! On devrait y mettre ordre.

Nous étions arrivées à la porte du foyer.

— Bonjour, beau masque ! dit en me serrant la taille, un homme qui en sortait.

— Tu connais monsieur ?

— Non, lui dis-je en me dégageant.

— Ah ! tant mieux ! je vais te décliner ses noms et qualités : c'est le grand commandeur de l'Ordre des rats.

— Eh bien, lui dit-elle, ton domestique s'est-il bien conduit ?

— Pourquoi me demandes-tu ça ? dit le monsieur, qui cherchait à la reconnaître.

— Dame, tu lui as dit l'année passée, au jour de l'an : « François, je vous donne cette vieille botte ! Si vous me servez bien, vous aurez l'autre l'année prochaine. » A-t-il enfin la paire ?

Tout le monde se mit à rire. Nous entrâmes dans la loge 21. Je fus étonnée de trouver deux personnes. Je pensais que Jean, qui me l'avait donnée, avait engagé quelques amis. Victorine me parlait sans déguiser sa voix. Un domino se retourna. Je vis les yeux de ce domino briller à travers son masque; puis je l'entendis qui disait en se penchant à l'oreille d'un monsieur:

— Oh! l'horreur! Il y a un serpent ici! Qui donc a ouvert à ces femmes?

— Je ne sais, dit le monsieur, mais je vais les renvoyer.

— Oui, oui, reprit la dame en baissant son capuchon.

Victorine et moi avions tout entendu. L'orchestre faisait grand bruit, et elle avait parlé presque haut pour être entendue du monsieur. Il se leva et nous dit :

— Mesdames, cette loge est louée?...

— Oui, lui dis-je, mais elle est louée pour moi; elle est à moi.

— Vous vous trompez sans doute!...

— Non, appelez l'ouvreuse, je viens de lui remettre le coupon.

Il l'appela. En effet il y avait erreur : leur loge touchait la mienne. Nous étions dans notre droit, et c'était à eux de sortir. Pendant ces explications, Victorine avait regardé attentivement le domino, et, malheureusement pour la femme qui le portait, elle l'avait reconnue. Quand elle se leva pour sortir, Victorine lui barra le passage, et se mesurant avec elle, elle dit :

— C'est bien elle !... Ah! je suis un serpent! Eh bien, tu m'entendras siffler.

Le masque ne répondit rien, sortit et rentra dans la loge de droite. Quand elle fut assise, Victorine me dit :

— Veux-tu que je te raconte pourquoi on m'appelle le serpent? L'histoire t'amusera et nos voisins aussi.

Il y avait beaucoup de monde dans la loge de gauche. Pas un mot de cette petite scène n'avait été perdu ; on prévit que cela allait devenir sérieux, et on s'apprêta à écouter. Le domino se tourna de notre côté et regarda Victorine d'un air de défi.

— Figure-toi, me dit celle-ci, que j'ai été aimée par un des hommes les plus à la mode de Paris. Il m'aimait beaucoup, mais il allait dans le monde. Une femme d'une grande naissance s'acharnait après lui. Elle savait notre liaison, et elle avait la rage de s'en occuper. Elle était sans cesse à lui demander quel charme pouvait avoir une fille comme moi, une courtisane, élégante il est vrai, mais dont le luxe devait inspirer le dégoût, le mépris, car tout cela ne pouvait s'expliquer que par le conte des *Mille et une Nuits*. J'avais une grande puissance sur mon amant. Il me racontait ces belles conversations en me disant : « Si tu veux, je n'irai plus chez elle; elle est folle de moi, mais je te la sacrifie. » En effet, il n'allait plus chez elle. Elle l'attendait des heures entières à la porte du club. Il finit par être touché de tant d'humilité! elle me l'enleva. Je lui en aurais moins voulu si elle n'avait pas dû être honnête femme et qu'elle eût eu de l'indulgence pour les autres; mais en bonne conscience, elle était trop rouée pour être intéressante. Les plus coupables sont nos ennemies acharnées, nous leur faisons du tort. Celle-là était descendue bien au-dessous de moi. Mon amant me revint; elle voulut le reprendre. Cela m'ennuyait. Je trouvai chez lui des lettres d'elle. Je l'avais priée de se tenir tranquille, elle n'en avait rien fait. Je me vengeai cruellement: je pris ses lettres et je les envoyai à son mari, après avoir rendu illisible le nom de celui à qui elles avaient été adressées. Ces lettres, avant de m'en dessaisir, je les avais lues; il y en avait de très-amusantes. Elle lui disait : « Ne vous contraignez pas, traitez-moi en fille entretenue! » Ainsi va le monde! Notre prétention est d'être respectées; celle de ces dames est d'être menées cavalièrement. Ici-bas, vois-tu, Céleste, une moitié du public vole l'autre. J'ai crié : au voleur! voilà pourquoi elle m'appelle serpent.

Le domino ne s'était pas attendu à tant d'impertinence ; pendant tout le temps que Victorine avait parlé, la malheureuse femme n'avait pas osé sortir. Il était facile de voir son émotion, au tremblement de son éventail. Son compagnon faisait une figure que je me rappellerai toute ma vie. Les jeunes gens de la loge voisine souriaient.

Au bout de quelques secondes, la dame se plaignit de la chaleur, sortit et ne revint plus. Au moment où la porte de la loge se referma, la Panthère lui jeta son nom, pour que l'outrage fût complet. Je lui reprochai de crier ce nom si haut.

— Pourquoi donc ? parce qu'elle a un mari, des enfants ! Puisqu'elle ne les respecte pas, pourquoi les respecterais-je, moi ? Je sais l'histoire de beaucoup d'autres ! leurs femmes de chambre en disent plus que moi.

— Allons, viens faire un tour au foyer !..

Et je l'emmenai chercher la personne que j'attendais. Elle s'arrêta devant un jeune homme qui avait le dos appuyé à une colonne.

— Bonsoir, de J... Comment va ton père ?

— Tu me connais ? dit le jeune homme en s'arrêtant.

— Apparemment, puisque je te demande des nouvelles de ta famille.

— Eh bien, mon père va mieux.

— Ah! je comprends pourquoi tu as l'air triste!
l'argent va augmenter; pauvre garçon, va !

Elle se mit à rire. Je lui demandai pourquoi
l'argent allait augmenter.

— Il va augmenter pour lui. Il y a quelque
temps, il cherchait à emprunter à un usurier que
je connais. Il voulait lui faire des lettres de change;
l'usurier ne voulait pas les accepter.

— Vous avez tort, disait celui-ci, mon père a
soixante ans!

— Je le trouve très-jeune, répondait l'usurier.

— Oui, répliquait le jeune homme, mais il est
malade et n'ira pas loin, j'en suis sûr; ainsi vous
serez payé à l'échéance.

L'affaire n'est pas encore faite; si le père va
mieux, il faudra payer plus cher !

— Eh bien, c'est un vilain monsieur, votre jeune
homme; il escompte tout bonnement la vie de son
père.

— C'est vrai, mais il y en a beaucoup comme cela.

— C'est triste !

— Je ne dis pas non, reprit Victorine. C'est
un peu la faute des pères, qui les élèvent mal. Petits, on les fait nourrir par des étrangères. Plus
tard, on les fait manger avec des gouvernantes;
puis on les envoie au collége, hors de la famille,

d'où ils sortent à dix-sept ou dix-huit ans. L'amour les prend avant qu'ils aient songé à aimer leurs parents. Ils font des dettes, leurs pères ne les payent pas. Les meilleurs attendent la fin, les plus mauvais la souhaitent. Il me semble que si j'avais un enfant, je le ferais élever près de moi, et que, surtout, je ne l'obligerais pas à passer dix ans de sa vie à apprendre un tas de choses qui doivent bien ennuyer les jeunes gens, puisque, sitôt en liberté, ils font le diable pour les oublier. Oh ! te voilà, dit-elle à un homme que nous croisions. Tu gênais donc ta femme, qu'elle t'a envoyé à l'Opéra.

— Qu'est-ce que tu veux dire ? dit le monsieur, qui paraissait fâché.

— Là, là, lui dit la Panthère, ne t'emporte pas ; nous savons que tu as commencé par là ; mais tu t'es raisonné, tu t'es dit : Bah ! les cornes, c'est comme les dents, ça fait du mal quand ça pousse ; quand c'est venu, ça sert pour manger. Tu en es un vivant exemple, puisque, grâce à ta femme, tu as une place qui te fait vivre.

Le monsieur fronça les sourcils. Je tirai Victorine, que j'entraînai dans la foule.

L'heure se passait et je ne voyais pas Jean. Cela commençait à me préoccuper. Ma compagne devina ma pensée.

— Pourquoi ne vient-il pas ? me dit-elle.

— Je n'en sais rien. Il m'a envoyé la loge que je lui ai demandée, mais je suppose qu'il me boude. Si Robert savait cela, il serait enchanté.

— Ton Robert t'adorera, me dit Victorine ; tu prends le seul moyen. On dit que nous sommes des monstres ! la faute à qui ? Soyez douce, bonne, ils vous font aller. Il me semble me rappeler que j'ai été douce, bonne, il y a longtemps. Mon premier amant, qui était un rapin, me faisait coucher sur le carré au mois de janvier; mon amour me tenait chaud ! Quand il s'est en allé, j'ai senti le froid et j'ai fait comme mon amour ; je suis partie. Je me suis vengée de mon premier amant sur le second, du second sur le troisième et ainsi de suite. On m'a appelée Panthère, Serpent, mais on m'a aimée. Maintenant, on me déteste, je vis seule, je m'ennuie ; j'ai thésaurisé tous les dégoûts de la vie ; je n'ai jamais une bonne pensée, je ne sais plus dire une bonne parole ; je déteste les gens heureux ; je me venge du mal qu'on m'a fait en me prenant ma jeunesse et mes illusions. J'ai trente ans ! une honnête femme serait jeune ; je suis vieille. On ne parle plus de moi, sans dire la vieille Victorine, ce qui me fait damner. C'est sans doute la punition qui m'était réservée, car, au fond, je sens que mon cœur n'a pas vieilli et que je souffre de cet abandon.

— C'est votre faute! pourquoi ne vous êtes-vous pas gardé des amis, au lieu de vous faire haïr? Tout le monde a peur de vous.

— Des amis! mais les honnêtes gens n'en ont pas, comment voulez-vous que j'en aie! Je ne prête pas d'argent!...

— Oh! ma chère, vous êtes désespérante!... Allons-nous-en.

Après l'avoir reconduite, je rentrai chez moi, triste, et je m'endormis sous l'influence de ce mauvais génie, *qui, dénigrant tout, se vantait de n'avoir plus d'illusions.*

Voilà comment les femmes se perdent entre elles: après la déchéance physique vient celle de l'âme, la pire de toutes les déchéances.

FIN DU DEUXIÈME VOLUME

TABLE

		Pages
XII	La reine Pomaré (suite)	1
XIII	L'Hippodrome	24
XIV	La robe jaune de Lise	49
XV	Une course en char	124
XVI	Impressions de voyage	142
XVII	La mort de Marie	161
XVIII	Un acte de désespoir	179
XIX	Le retour de Lise	190
XX	Un souper au café Anglais	221
XXI	Robert	258
XXII	La campagne	273
XXIII	Le Havre-de-Grâce	291
XXIV	Un bal masqué à l'Opéra. — Victorine, dite la Panthère	301

www.ingramcontent.com/pod-product-compliance
Lightning Source LLC
Chambersburg PA
CBHW070630160426
43194CB00009B/1418